学ぶ楽しみ、本格紅茶と英国菓子レシピ

Cha Tea 紅茶教室の 26 レッスン

はじめに

2002年3月に紅茶教室を開講して、21年がたちました。この21年で、紅茶教室の数は増えましたが、それでも料理教室やお菓子教室、フラワーアレンジメントの教室などに比べると、珍しい存在です。

「紅茶教室ってどんなことを学べるのですか?」と聞かれた時に、実は私たちも返答に困ることがあります。「紅茶の淹れ方を学んだり、様々な産地の飲み比べをしたり、茶道具についての知識を深めたり」ここまでは、一般の方がイメージしやすい範囲だと思います。そこからさらに各国の紅茶文化や、西洋の喫茶文化の歴史、西洋陶磁器の詳細、紅茶の発展に貢献した王侯貴族の詳細など……学びはつきず。15年以上継続して通っている生徒さんも複数いることをお話しすると、たいていの方は「えっ、そんなに奥が深いのですか」と目を丸くされます。

本書では私たちの活動の軸になっている「紅茶教室」の基礎クラス26のレッスンの概要、「紅茶・英国菓子専門店」で販売しているお菓子のレシピに加え、Ｃｈａ Ｔｅａのこれまでの歴史や、教室・店舗運営に対する思いもご紹介させていただいています。また紅茶教室の卒業生で、現在紅茶に関わるお仕事を展開されているアフタヌーンティー愛好家の安達由香里さん、紅茶教室経営者の楊玉琴さん、ティールームオーナーの和田真弓さん3名のインタビューも紹介します。お忙しい中、快く協力してくださった3名に感謝いたします。

紅茶のことを一から知ってみたいと思われている方、現在紅茶を学び中の方、そして同業者の皆様にも、私たちのことを知っていただけたら嬉しいです。

26のレッスン内容は、実際のレッスンに近い口語スタイルでまとめてみました。ページをめくりながら、講師の言葉にぜひ耳を傾けてみてください。

2023年夏

Cha Tea紅茶教室　立川碧

Contents

4章 紅茶の文化史

5章 Cha Tea紅茶教室の紅茶とお菓子

Ｃｈａ Ｔｅａ紅茶教室とは？

◆教室を始めたきっかけ

皆様、はじめまして。Ｃｈａ Ｔｅａ紅茶教室代表の立川碧です。コーヒー党だった私が紅茶の魅力を知ったのは24歳の時でした。友人に誘われ通い始めた都内の紅茶教室。クラシカルなインテリア、美しい西洋陶磁器、心躍るスイーツ、丁寧に淹れた紅茶のおいしさ、すっかり紅茶の世界に魅了されてしまいました。海外旅行が趣味だったため、スリランカ、インド、マレーシア、台湾など茶産地を訪れるようになると、茶葉そのものにも愛着がわき、寝ても覚めても紅茶のことを考える日々が始まりました。

そんな紅茶生活をインターネット上の日記で綴っていたところ「淹れ方を教えて」「私も学んでみたい」そんなコメントをいただくようになり、２００２年３月、墨田区押上の自宅マンションで友人３人を対象にお茶会を開催することになりました。教室名の「Ｃｈａ Ｔｅａ」は東洋のチャ、西洋のティー、どちらの側面も学びたいという気持ちから名づけました。

レッスンの様子をネットにあげたところ、別の方からもリクエストをいただき、追加開催が決定。友人、ネット上での繋がりがある方など、気がつけば仕事の休みの日にはお茶会をすることが多くなりました。継続学習を希望される方に「アイスティーの淹れ方」「ロイヤルミルクティーの淹れ方」「紅茶の歴史」など、毎月新しいレジュメを提案。並行して自分自身も紅茶教室に通い続けました。知識の習得だけでなく、講師の話し方や、資料の見せ方など、学ぶことはつきませんでした。

◆教室の発展

レッスンは盛況で、半年後には分譲マンションの管理組合から「不特定多数の方を招く教室開催は遠慮して欲しい」とお小言をいただくまでに。そこでレンタルスペースに場を移し、2003年春、自宅近くに1人暮らし用の部屋を借りることにしました。仕事を続けながらの運営でしたので、教室で黒字にならなくてもいいと思っていたのですが、家賃を稼がなくてはいけないとなると、今までのような経営では回らない。運営についてもきちんと考えるようになりました。

2004年には近所の一回り大きな賃貸マンションに移転、事業登録もしました。午前、午後異なるレッスンを開催することも増え、レッスン用に使用する茶葉の量も増えたことか

ら、産地からの直輸入も始め、ネットショップで紅茶の販売も手がけるようになりました。

医療現場で働いていた私には「仕事はチームでするもの」という考えがありました。1人の講師だけが有名になるのではなく、教室として評価されたい。レッスンの内容で生徒さんが集まるような教室にしたい。教室を安定して続けていくためには、同じ志を持つ講師仲間が必要です。そこで、レクチャーの仕方やレジュメの作り方、教室運営の基礎など、講師を育成するためのプロフェッショナルクラスを開設することに。

週に1~2回お手伝いをしてくれる固定スタッフが2名になった2005年、みんなの通いやすい場所に教室を移そうと、日本橋に移転を決めました。日本橋ではさらにスタッフが4名ほど増え、フルタイムの仕事をしながら週末だけ手伝ってくれるスタッフ、自らも自宅で教室運営をしながら関わってくれるスタッフなど、個性溢れるCha Teaチームが形成されていきました。

ありがたいことに、卒業生に講師、教室運営者も増え、ティールーム運営者も増え、私自身もそろそろ仕事を紅茶1本に絞ろうかと思案し始めた頃、『紅茶のすべてがわかる事典』（ナツメ社）という本の監修の依頼をいただきました。資料提供、ライターさんが書いた原稿のチェック、修正をしたりするお仕事でしたが、メインは80種類のアレンジティーのレシピの製作と写真撮影。ハードな日々でしたが、２００８年の年末に本が完成。出版を機に、医療の仕事からは卒業しました。

この頃から、賃貸マンションの固定費の高さの軽減や、家事と仕事を両立するためにも、自宅と職場を1つにしたいという目標ができ、2009年自宅兼サロンとして荒川区西日暮里に土地を購入し、移転を決意。日本橋に比べ利便性が悪くなることから、わざわざ来る価値のある建物がよいのではと、建築は英国住宅専門の会社に依頼。輸入建材をふんだんに使った建坪10坪の小さな家が完成しました。1階は教室のウェイティングルーム、化粧室、倉庫、2階は自宅と教室兼用の台所とリビングダイニング、3階がプライベート空間。

この建物が転機となり英国好きの生徒さん、英国専門家の方とのおつきあいが深まります。本書の編集を手がけてくださった小関由美先生との出会いもこの時期でした。2012年には、タータンチェックや英国ファンタジーの専門家・文筆家の奥田実紀先生のお口添えで『図説　英国ティーカップの歴史』（河出書房新社）を上梓させていただくことに。以後毎年のように英国、紅茶、陶磁器をテーマにした執筆の依頼をいただき、教室の著書は12冊に。広告を掲載しなくても、著書を通じて生徒さんが集まるようになりました。著書が増えるにつれ、展覧会やテレビ番組の監修といったメディア関連のオファーも来るようになります。

執筆を通して、茶道具やアンティークの知識も深まりました。アンティークの茶道具を教

1 | 2
3 | 4

1 ロンドンのタウンハウスをイメージした外観。
2 シャンデリアはオーストリアのガラスブランド「ロブマイヤー」製。
3 パウダールームもヴィクトリアンの雰囲気で。
4 玄関扉はお茶の花をモチーフにしたオリジナル。

材として活用することで、生徒さんの学びの幅も広がりました。アンティーク収集はその後、販売にも発展。今では教室の仕事の1つとなっています。

最初は教室の運営から始まったCha Tea紅茶教室。やがて書籍執筆、メディア監修、アンティーク収集・販売など、紅茶を軸に様々な仕事へ広がっています。2020年コロナ禍以降には、紅茶と英国菓子を販売する店舗も開くことになりました。店舗運営とともに百貨店の展示会に出店するなど、紅茶の仕事は多岐にわたります。店舗については、販売しているお菓子のレシピとともに、後ほど詳しくご紹介します（148ページ）。

◆レッスン内容

Cha Teaのレッスンは全26講座からなるベーシッククラスが基礎となっています。26のレッスンには、紅茶を淹れる技術的なレッスン、産地の味を習得する飲み比べをメインとしたレッスン、歴史や文化を学ぶレッスン、陶磁器やグラス、カトラリーなど紅茶周りのアイテムを学ぶレッスンなどがあります。どのレッスンを受講するかは自由です。生徒さんは4回または8回のチケットを購入し、期限内に受講をします。初めての方には、ベーシッククラスを既存の生徒さんと一緒にビジター受講していただき、教室の雰囲気を体感していただいています。

2022年は430コマのレッスンを開講、約2300名の方が参加してくれました。生徒さんの年齢層は20～70代と幅広く、男性もいます。教室に来たら、そこは趣味の世界。「紅茶」「陶磁器」「英国」「歴史」など共通の話題で盛り上がります。

ベーシッククラスを修了すると、さらに紅茶の知見を深めることができるマスタークラスが待っています。生徒さんからは別名「マニアッククラス」なんて呼ばれているこのクラス。月に異なる2テーマのレジュメを作り、学びを深めています。産地、歴史、文化、人物、陶磁器など、テーマはつきず、今まで作り上げたレジュメは350テーマ以上に。私やスタッフの紅茶に対する興味関心がなくならない限り、マスタークラスは永遠に続きそうです。

不定期開催のイベントでは、専門家を招いたり、卒業生に講師役をお願いしたりすることも。学んだことの実践編としてティールームやレストランを貸し切りにしてのペアリングレッスンは、コロナが落ち着いたらまた再開したい内容です。

◆教室成功の秘訣とは?

2023年3月で教室は21周年になりました。25歳で教室運営を始めた頃は、若すぎると信用されなかったり、年齢で知識が浅いと判断されてしまったり、悔しい思いをすることも多くありました。しかし今となってみればいつから始めても0からのスタートですので、思い切って始めてよかったと思います。

「成功の秘訣は？」と聞かれることもあるのですが、心がけていることが3つあります。1つは紅茶に関連する事柄に対しての好奇心、探求心を失わないこと。次に人のご縁を大切にすること。私は大の人見知りで、営業はとても苦手。その分、ご縁があり出会った方にはできる限りの誠意をもって接するようにしています。最後に、教室を通して紅茶を軸にした活動を志す卒業生を育成していくこと。スタッフをはじめ、卒業生の活躍は教室のなによりも大切な財産、ひいては広告に繋がっていくのだと思います。

本書では、Ｃｈａ Ｔｅａ紅茶教室の軸となる26のレッスンをご紹介していきます。ぜひ一緒に紅茶の基礎を学んでください。そして店舗で販売しているお菓子のレシピもご紹介します。ひょんなことから始まった英国菓子製造ですが、私たちがおいしいと日々感じ、楽しんでいるお菓子を皆様と共有できれば嬉しく思います。

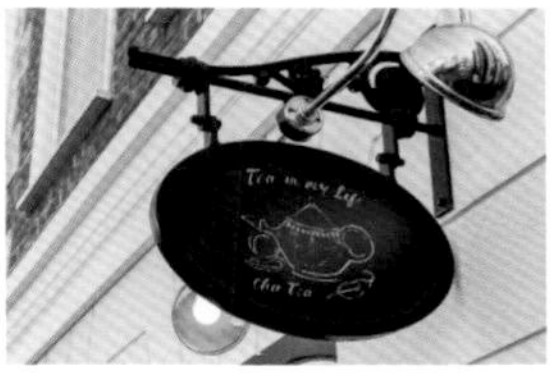

1
章

Cha Tea
紅茶教室の
26
レッスン

紅茶の基本と歴史

Lesson 1

紅茶の歴史

東洋から伝来したお茶は西洋人を魅了し、生活にも変化をもたらしました。約400年にわたる、壮大な紅茶の歴史を紐解いてみましょう。

茶の西洋への伝来

茶の原産は中国の雲南省といわれています。紀元前2700年頃には茶の葉そのものを薬として食・飲用していた記録が残っています。その後、生葉を加工した緑茶が誕生し、禅寺を中心に中国全土に広く普及しました。さらに9世紀には日本にも伝来します。

15世紀から始まった大航海時代を経て東西の交易が深まると、絹やスパイスなどとともにお茶は東洋独特の飲料文化として西洋人の注目の的となりました。東洋との貿易を目的とする貿易会社も英国、オランダ、フランスなどで相次いで設立されます。そして、1610年にオランダ東インド会社が中国（清）、日本の港から貴重なお茶をアムステルダムの港に届けることに成功します。

王侯貴族とお茶

お茶の輸入を掌握したオランダ東インド会社は、高額商品である茶を他国の宮廷に紹介、お茶の販売で利益を得ようとします。1635年には、フランス宮廷にお茶が紹介されました。しかし、フランスでは当時スペインから嫁いできた王妃の持参金代わりであるチョコレート飲料が花形で、お茶はチョコレートとの競争に負けてしまいました。しかし、太陽王と称されたルイ14世は肥満と痛風予防のために、主治医から処方されて、定期的にお茶を飲んでいたという記録も残っています。

英国では、チャールズ2世の元に1662年に政略結婚で嫁入りしてきたポルトガルの王女キャサリン・オブ・ブラガンザが、喫茶習慣を紹介しました。キャサリンは嫁入り時、大きな船3隻分の船底を埋める茶、砂糖、スパイスも持参しました。ポルトガルで喫茶文化に触れていた彼女は、宮廷内でたびたび茶会を催します。茶を所持するだけでなく、それを楽しむ高価な東洋の茶道具、そして洗練されたエチケットを持ち合わせた王妃に、人々は魅了されます。当時、茶会が楽しまれていた場所は、クローゼットと呼ばれる寝室に接した小部屋でドレス姿の貴婦人が3～4人ほどしか入れませんでした。そのため王妃の茶会に呼ばれることは非常に名誉とされ、こうした喫茶の習慣を英国の宮廷に浸透させた彼女はザ・ファースト・ティー・ドリンキング・クィーンと賞賛されるようになりました。キャサリン以降、英国ではメアリ2世、アン女王とお茶を愛する女王が続き、喫茶文化にますます拍車がかかり、1689年には、イギリス東インド会社と中国との間で茶の直接交易が始まります。さらにはお茶を楽しむための茶道具やティーテーブルの輸入、銀製のオリジナルのティーポットの製作など茶文化も発展していきます。上流階級の人々の間では、こうした王室のライフスタイルを真似るようになり、お茶を楽しむこと

キャサリン王妃の肖像画

18世紀初めのアンティーク画。カラー刷りが珍しい1枚です。

がステイタスになりました。

コーヒーハウスとティーガーデン

英国で茶が広く一般に紹介されたのは、1657年、ロンドンのエクスチェンジ・アレイにあった「ギャラウェイ・コーヒーハウス」でした。オーナーのトーマス・ギャラウェイは、茶は万病に効くと宣伝し売り出しました。東洋の神秘薬として茶は多くのコーヒーハウスで提供されるようになり、人気を博しました。コーヒーハウスの入店には、階級による制限はありませんでしたが、男性のみに限られ、女性は入ることが許されませんでした。入場料は1ペニー、飲み物も平均1杯1～2ペニー。1ペニーで、1日中滞在することが許され、そこに出入りする人々から多くの知識が得られる場所だということで、コーヒーハウスは別名「ペニーユニバーシティー」とも呼ばれました。

ティーガーデン

ヴォクソールティーガーデンズは、4大ティーガーデンの1つです。

最初は男性のみの文化として捉えられていた茶でしたが、宮廷で王妃たちに愛飲された影響などにより、1717年には、家庭用の小売り販売が、コーヒーハウス「トムの店」の新店舗「ゴールデンライオン」で始まります。

そして1730年頃には、コーヒーハウスに代わる新たな社交場として、「ティーガーデン」が設立されます。「ティーガーデン」は、ロンドン郊外の田園地帯に作られ広大な庭園を散策しながら喫茶を楽しむことのできる娯楽施設でした。階級制限がなく、女性も子どもも入場することができたティーガーデンは、家族で訪れることのできる貴重な娯楽場として人気を集めました。ティーガーデンの敷地内には、「ティーハウス」と呼ばれる屋根つきの建物が建ち、バターつきパンなどの軽食と一緒に、お茶やコーヒーやチョコレートなどの飲み物が提供されました。ティーガーデンの人気が高まると、女性を中心に家庭の中の喫茶習慣が確立し、茶の消費に大きな影響を与えました。

茶が国民に普及していく一方、茶の有害説を唱える医師や科学者、宗教者が現れ、賛成派と反対派との間での茶論争に発展します。しかし反対論は徐々に影を潜め、英国人の生活に根づいていきます。この背景には、労働者階級の間での飲酒問題があり、アルコールに変わる健康飲料として茶の愛飲が推奨されたこともあげられるでしょう。

ボストンティーパーティー事件

大航海時代に新大陸として発見されたアメリカでの喫茶文化は、オランダの植民地であったニューネーデルラントから始まりました。1664年、ニューネーデルラントの支配権をオランダから奪った英国は、同地をニューヨークと改名、茶文化を引き継ぎました。入植者たちは英国ジェントルマンの服装、教養、趣味な

ボストンティーパーティー

アメリカではアニバーサリーの度に、ボストンティーパーティーの記念品が作られました。

アフタヌーンティー

19世紀のファッション誌に描かれたドレス姿でお茶を楽しむ貴婦人。

どを真似することを成功の象徴としたため、英国本国で流行していた喫茶習慣はその象徴的な存在となり、1750年には、ニューヨークにも英国と同じティーガーデンがオープン。人々は茶会を頻繁に繰り広げるようになります。

しかし、フランスとの植民地争いで莫大な戦費を失った英国政府は、植民地にこの費用の一部を負担させるため、1764年以降、砂糖法、印紙法、タウンゼンド諸法（茶・ガラス・紙・ペンキ等への課税）と、植民地に対する課税を強化していきます。高額な課税に対し、入植者たちは大規模な集会を催し、抗議運動を続けていきます。この運動の成果により課税は撤廃されましたが、茶に対する税金だけは残りました。「茶税」は英国の圧政の象徴となり、人々の反発の結果、英国からの茶の拒否やオランダやフランスからの密輸貿易が拡大していきました。そのため、イギリス東インド会社は多数の在庫を抱え、経営が成り立たなくなってしまいます。

そこで英国政府は1773年、イギリス東インド会社が通常の関税なしにお茶を売ることを認めた法律「茶法」を制定します。この条例によれば、イギリス東インド会社は当時の密輸茶より安値で茶を売り出せることになります。「茶法」は茶に対する課税を強化するものではなく、むしろ撤廃したものでしたので、英国はこれで事態が丸く収まると見ていました。しかし茶が安くなればいいというその場しのぎの政策に騙されてなるものかと反対運動は引き続き展開されていきます。そしてついに12月16日の夜、ボストン港に入港した3隻の船に憤りを爆発させたボストン市民約50人が、船を襲撃し、積まれていた342箱の茶箱を海に投げ捨てた「ボストンティーパーティー事件」が勃発します。

この事件は大きく報道され、反英国感情を持つ入植者たちを勇気づけました。反英運動はボストン以外にも拡大し、ついにはアメリカの独立戦争へも発展していきました。こうした背景から、アメリカでは茶の代わりにコーヒーを飲む習慣を植えつけられました。現在もアメリカ国民にとって「ボストンティーパーティー事件」は独立のきっかけになった出来事として語り継がれています。

アフタヌーンティーの流行

1833年、イギリス東インド会社による中国との独占貿易が終了し、茶の輸入が自由化されると、英国では喫茶の文化が本格的に広まるようになりました。そのきっかけとなったのが、英国の名家ベッドフォード公爵家により流行したといわれている「アフタヌーンティー」です。

この時代、英国人の食生活には変化が生じていました。それまで17時頃からスタートしていた夕食の時間が、20〜21時に移行したのです。そのため、当主夫人のアンナ・マリアは、元来の夕食の時間であった17時前後に空腹を感じるようになり、自室にお茶を運ぶように召使いにいいつけ、お茶とともに提供されるバターつきのパンを食べることを日課にします。ゲストがいる日は、自宅のカントリーハウス・ウーバンアビーの応接間を開放し、小菓子を食べながら客人と歓談をする社交を楽しみました。ウーバンアビーの午後の茶会は、晩餐の前のリラクゼーションの時間として、多くの客人に好意的に受け入れられました。

ウーバンアビーを訪れたヴィクトリア女王もアフタヌーンティーでもてなしを受け、これを気に入り推奨したことから、英国の午後のお茶の習慣として定着していきました。茶会のホステスである女主人は、客人に随時お茶を注ぎながら、場が和むような接客をして、客人を楽しませました。上流階級の女性がまだ外に自由に出られることの許されなかった時代、アフタヌーンティーは女性が気の許せる友人たちと屋敷のなかでお茶を飲みながら、気楽に会話を楽しめる娯楽の1つとなったのです。

アフタヌーンティーの習慣はその後、中産階級の生活の中で「家庭招待会(アトホーム)」に形を変えて、浸透します。「家庭招待会」は軽い社交の場です。家主は、事前に在宅の日時を友人知人に知らせておき、客人は指定された曜日の時間内に相手を訪ねるといった、略式の茶会です。毎週決まった曜日の午後に開催する家庭が多く、この日に限っては事前約束がなくても訪問が許されたため、顔合わせの場として有効活用されました。滞在時間は15～20分ほどが基本とされ、1日に4～5軒の家をはしごする女性も多かったそうです。短い滞在時間を有効に活用し、正式なアフタヌーンティーやディナーの約束をしたり、新しい友人を紹介しあったりしました。

アフタヌーンティーは、主に平日自宅にいる女性たちが主役となり発展した文化です。貴族の豪華絢爛な邸宅に憧れた中産階級の女性たちは、居心地のよい環境で客人をもてなそうと、インテリアや食器に対して関心を持つようになります。当時の女性向きの雑誌では、お茶の淹れ方の紹介、アフタヌーンティー用に考案された、ティーガウンと呼ばれるコルセットなしで着られるカジュアルなもてなし用のドレスや、美しい茶器、茶会の際のエチケットなど頻繁に特集され、また茶菓子のレシピ本も続々と出版されました。アフタヌーンティーは、家庭内でのもてなしの基礎と考えられるようになり、大人だけでなく子どもの情操教育にも活用されていくようになりました。

クリッパーレース

紅茶の産地とティークリッパーを描いた19世紀のアンティーク画。

インド・スリランカでの茶栽培の始まり

こうして茶の消費が拡大していくなか、中国からの茶の輸入に頼るだけではなく、茶栽培ができる地域がないか模索し始めます。そうしたなか、1823年、イギリス東インド会社の傭兵で植物研究家でもあるロバート・ブルース少佐により、インドのアッサム地方で自生している茶樹が発見されます。当初はツバキだと鑑定されてしまいましたが、ブルースの弟チャールズ・アレキサンダー・ブルースの努力により、1839年にようやく新品種のアッサム種だと認定されました。アッサムでの茶栽培は1850年頃から軌道に乗り始めます。その後インドではダージリン、ニルギリでも茶栽培が行われるようになります。

さらには、インドの隣国のスリランカでも、1860年頃から茶栽培が始まっていきます。植民地のインド、スリランカでの茶栽培は、英国人の茶の需要に応える結果となりました。

さらには1840年に中国との間で起こった阿片戦争での勝利により、中国との茶貿易も有利となったこともあり、英国での茶文化はますます花開いていきました。この茶産地の流れについては、23ページからの「紅茶の産地インド、スリランカ、中国」のレッスンのページにて紹介していきます。

紅茶運搬の変革

船による茶の運搬にも変化が起こります。イギリス東インド会社に代わり茶貿易を担う商人が増え、中産階級者を対象とした紅茶会社も登場してきます。すると、茶貿易の競争が激化し、運搬のスピードが競われるようになります。そこで登場したのが、クリッパーと呼ばれる快速帆船でした。1850年、アメリカのクリッパー「オリエンタル号」が香港で1500tの茶を積み、97日という記録的なスピードでロンドンに到着したことは、英国人を驚かせました。これまで、中国で生産された茶が英国に届くまで約1年半かかっていたところ、3ヵ月に短縮されたのです。そして早く届いた茶は香り高くおいしい……。国民は新鮮な茶を求めるようになります。

そこでクリッパーによる時間短縮競争が始まりました。新茶をいち早くロンドンに運び、優秀な成績を残した船には、多額の契約金や報奨金が出るようになり、茶輸送のスピードはどんどん上がっていきます。海の上ではティークリッパーレースが繰り広げられ、賭け事好きの英国人たちは1番に到着する船を当てる賭けも始めます。この賭けは誰でも参加が許されたため、ティークリッパーレースは年を追うごとに白熱していきました。1869年にスエズ運河が完成すると、クリッパーに代わる蒸気船の活躍により、茶の運搬はさらに拡大していきます。

国内での茶の輸送も荷馬車に代わり、第一次世界大戦前後には、「トロージャン」と呼ばれる車種の車も利用されるようになり、茶の運搬スピードや配達時間の正確さは飛躍的に発展しました。1920年代になると、多くの会社が車での茶の運搬を開始しました。

ティールームの登場

19世紀後半、より活動的になった人々のために街にはティールームが現れます。ロンドンで最初のティールームは「エアレイテッド・ブレッド・カンパニー」というパン屋で、店名の頭文字をとって「A《エー》B《ビー》C《シー》」の愛称で親しまれました。店の女性支配人が、その場ですぐにパンを食べたい顧客が多いことに気づき、紅茶のサービスの事業化を提案したことがきっかけです。

女性が1人で出歩くことがまだ難しかった時代、ティールームは男性のエスコートがなくても女性が利用できる店として、休息場所、待ち合わせ場所として活用されました。1894年には、ロンドンのピカデリーに、葉巻事業で成功したライオンズ社も大規模なティールーム展開を始めました。

ティールームが広がった背景には、英国政府が掲げていた絶対禁酒運動「ティートータル(tee total)」の影響も大きくあげられます。ティートータルの「tee」は絶対という意味ですが、茶の「tee」とかけた言葉としても話題になりました。英国各地で、「禁酒協会」のティーパーティーが開かれ、パブの営業時間にも規制がかけられるようになりました。ティールームのオーナーには、禁酒活動家も多くいたといわれています。また20世紀に入り、女性参政権活動が活発になると、ティールームはその活動拠点地としても利用されました。

20世紀からの紅茶社会

20世紀になると、利便性を重視した紅茶商品が次々に登場します。1904年夏、アメリカで行われたセントルイス万博で提供されたアイスティーや、19世紀末に考案されたティーバッグは、20世紀初頭にアメリカの商人により商品化され世界中に普及、アメリカ発祥の文化となりました。また1950年代には、湯や水を注ぐだけで紅茶が作ることができるインスタントティーも開発されました。

さらに新たな茶栽培の地として、植民地である東アフリカにも注目し、ケニア、タンザニア、ウガンダなどに茶園を開き、栽培を本格化させていきました。製茶方法も機械化が促され、CTC製法(32ページ)と呼ばれる新たな製法での紅茶作りも行われています。

現在はティーバッグのほかペットボトルの普及も進んでおり、実用性が重視されていることは否めません。しかし、紅茶の歴史に関わってきた先人たちの思い、歴史を感じさせてくれる場所など、現在でも引き継がれていることは多々あります。歴史を知ることで、1杯の紅茶に感じる味わいもきっと変わってくるのではないでしょうか。

Cha Tea紅茶教室では、アンティークプリントを収集。レクチャーや執筆に活用しています。

Lesson 2

産地別紅茶

紅茶は農産物です。畑で生葉が栽培され、工場で製茶され商品となります。その工程を知ると、産地による風味の違いや、それぞれの産地の旬の時期に対しての理解も深まります。茶葉の基礎を知ってみましょう。

カメリア・シネンシス

紅茶は植物学名「カメリア・シネンシス」と呼ばれるツバキ科ツバキ属、常緑樹の新芽や若葉、柔らかい茎などを原料とした飲料です。

お茶の品種

茶樹の栽培品種は多種ありますが、ISO（国際標準化機構）で「カメリア・シネンシスの変種」と認定されているものは中国種とアッサム種の2つです。

中国種

中国種は、低木（樹高3m以下）で枝が多く、地際から多数の幹がでます。葉は小さめで堅く、先端が短楕円・尖っているものなど様々な形があります。2～3mの深さに根を張るので耐寒性に優れ、冬季になるとマイナス8℃にも耐えるため、凍結する地域でも栽培できます。比較的タンニンの含有量が少なく、酸化酵素の働きが弱いことから、一般に緑茶向きとされています。

中国、日本などの緑茶地域や寒冷なインドのダージリン、スリランカの高地などで紅茶用として栽培されています。水色は比較的淡く、繊細でデリケートな香り、すっきりしたシャープな渋みのある紅茶ができあがります。

アッサム種

アッサム種は高温多湿の熱帯地域を好む高木です。樹高が8～15mにもなり、主幹は1本で、枝がまばらに広がります。成葉は大きく肉厚です。地中30cmほどの浅いところに根を張るので耐寒性に劣り、マイナス4℃で凍害が生じるので栽培は無霜地域に限られます。タンニンの含有量が多く酸化酵素の働きが活発なため紅茶向きとされています。

インド、スリランカ、アフリカ、インドネシアなどで主として栽培され、深みのある赤い水色やコクのある強い味わい、モルティーフレーバーといわれる甘い濃厚な香りを持つ紅茶になります。

主要国別紅茶生産量（単位／万t）

	2016年	2017年	2018年	2019年	2020年
インド	125.0	132.5	133.9	139.0	142.5
ケニア	47.3	43.9	49.2	45.9	57.0
スリランカ	29.2	30.7	30.4	30.0	27.8
インドネシア	14.4	13.9	14.0	12.9	13.8

国際連合食糧農業機関（FAO）

茶の葉の違い

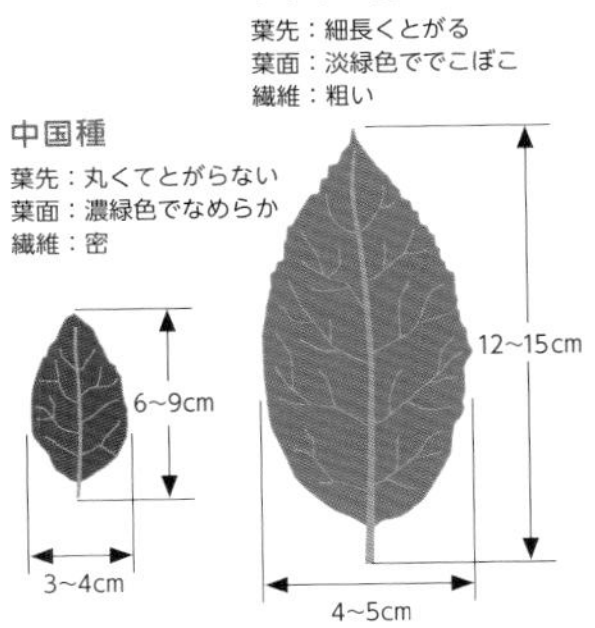

紅茶の等級区分＝グレード

茶葉のグレードという言葉を聞くと品質の良し悪しかと思われがちですが、茶葉の大きさを区別するための基準を表す言葉です。紅茶はこのグレードによって茶葉の抽出時間が変わるため、おいしいお茶を淹れるためには、パッケージの記載を確認する必要があります。

BOP

Pekoe

OP

クオリティーシーズン

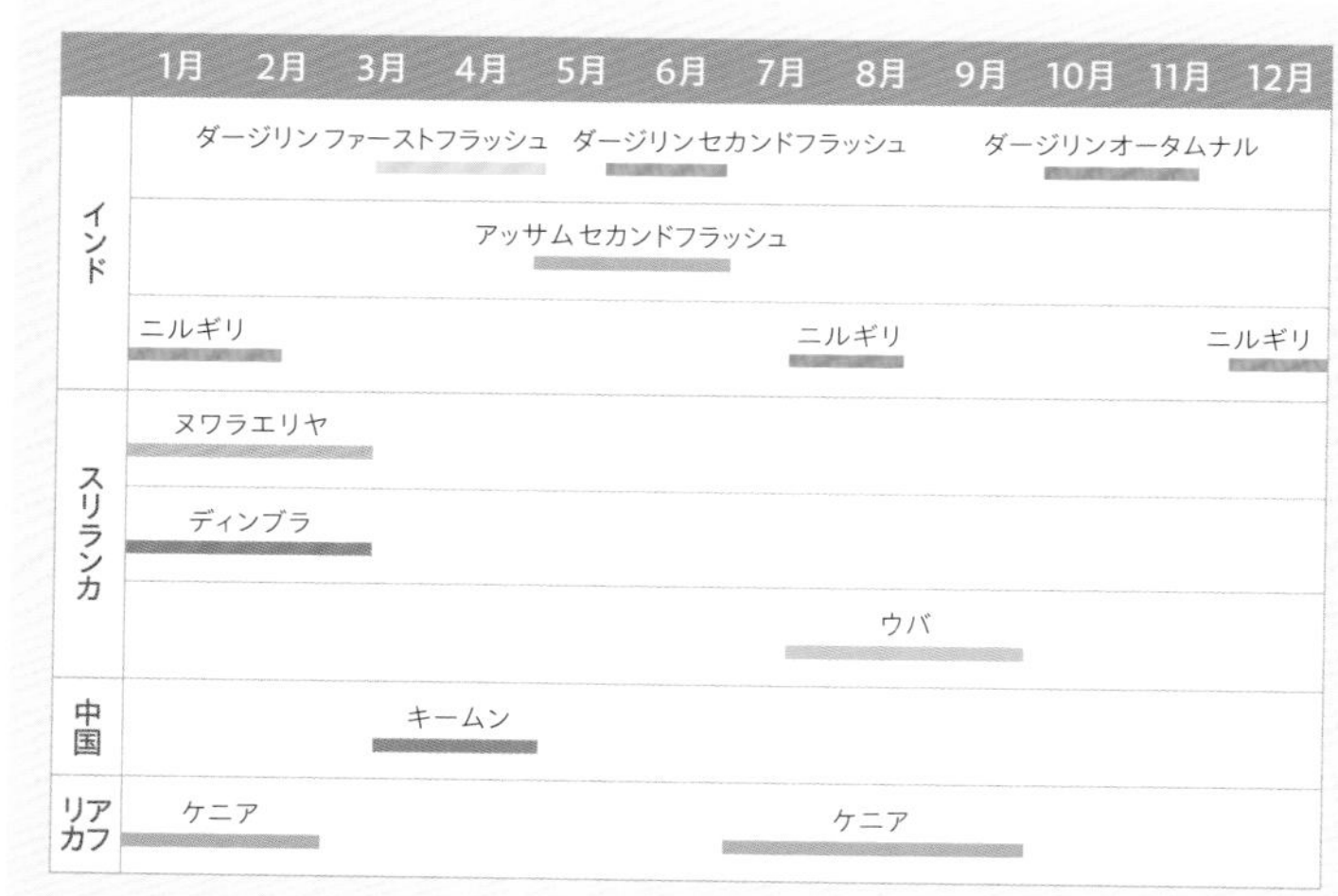

紅茶のクオリティーシーズン

紅茶の産地では、年間を通して年に数回、茶摘みが行われていますが、野菜や果物に旬があるように、紅茶にも格別においしくなる季節、旬がありクオリティーシーズンと呼ばれています。クオリティーシーズンのお茶は、その時期ならではの味や香りに優れているのが特徴です。好きな紅茶のクオリティーシーズンを知り、旬の紅茶の味わいを楽しんでみるのもおすすめです。

紅茶の製造工程

摘採《てきさい》

茶摘みは「一芯二葉」摘みが基本。

萎凋《いちょう》

摘み取った茶葉を萎凋槽に入れ、多量の温風を送って茶の水分を40～50%失わせます。

揉捻《じゅうねん》

葉の組織細胞をローラーで砕いて酸化発酵を促します。

発酵

25℃前後の室温と90%の湿度を保つ発酵室に2～4時間寝かせます。

乾燥

発酵が終わると紅茶を乾燥機にかけ、100℃前後の熱風で水分が3～4%になるまで乾燥させます。

等級区分

荒茶をふるいにかけ、形やサイズを整え、茎などを取り除きます。

配合

お茶は同じ産地の同じ茶園のものでも、収穫時期により香り・色・味が異なります。需給関係で価格も変化します。安定した品質と価格で製品を提供するためにブレンドを行います。

Lesson 3

紅茶の産地 インド

世界一の紅茶生産国、インド。ダージリンの他にも、アッサム、ニルギリ、シッキムと様々な産地があります。

インド紅茶の歴史

インドへの注目

お茶は17世紀、中国から西洋に輸出されました。中国由来のお茶は、中国種と呼ばれる品種の茶の樹から作られています。18世紀の後半、英国ではお茶の需要が著しく伸びていきましたが、中国が外国との貿易を制限する鎖国政策に出たため、阿片を中国に密輸してお茶の代金を得るという闇貿易が横行。両国の関係は一触即発でした。そのため英国人は、自分たちの手で茶栽培をすることが重要だと考えました。インドのムガール帝国が衰退したことをきっかけに、英国はインドの植民地化へ力を注ぎ、茶が栽培できる地域はないか模索し始めます。

アッサム種の発見

1823年、イギリス東インド会社の傭兵ロバート・ブルースは、インドの英国領の東の国境を越え、アッサムへ交易拡大のため遠征に出ます。その土地で彼は茶の樹に似た植物を見つけますが、間もなく病死してしまいます。彼の弟で軍人のチャールズ・アレキサンダー・ブルースは、兄から言づてされた茶樹を1824年に入手、イギリス東インド会社に提出しますが、茶の樹とは認められませんでした。

1834年インドに茶業委員会が発足したことにより、この茶樹は再び注目を浴びますが、残念ながら再度の鑑定も否定されました。茶業委員会は、中国から苗木を輸入して、栽培と製造の技術を中国から教わるという方法を推奨しますが、インド各地に苗木を植えるも栽培技術不足、環境の違いから失敗してしまいます。

その間もチャールズはアッサムで発見した茶の樹をもとに、茶栽培を進めていきます。1837年12月、彼の作った緑茶が茶業委員会のもとに届けられました。茶は翌年11月にロンドンへ届けられ、茶商たちにより好評価を得ました。念願が叶いブルース兄弟の発見した茶の樹の原種は、新種「アッサム種」として正式に認められたのです。

多くの投資家たちがアッサムの製茶事業に乗り出し、1839年、ロンドンでは「アッサムカンパニー」が設立されました。翌年の1840年、英国は中国との阿片戦争を開戦、これに勝利します。栽培技術や技師、良質な苗木などの流出が進むようになり、アッサムへも導入されました。1877年にはヴィクトリア女

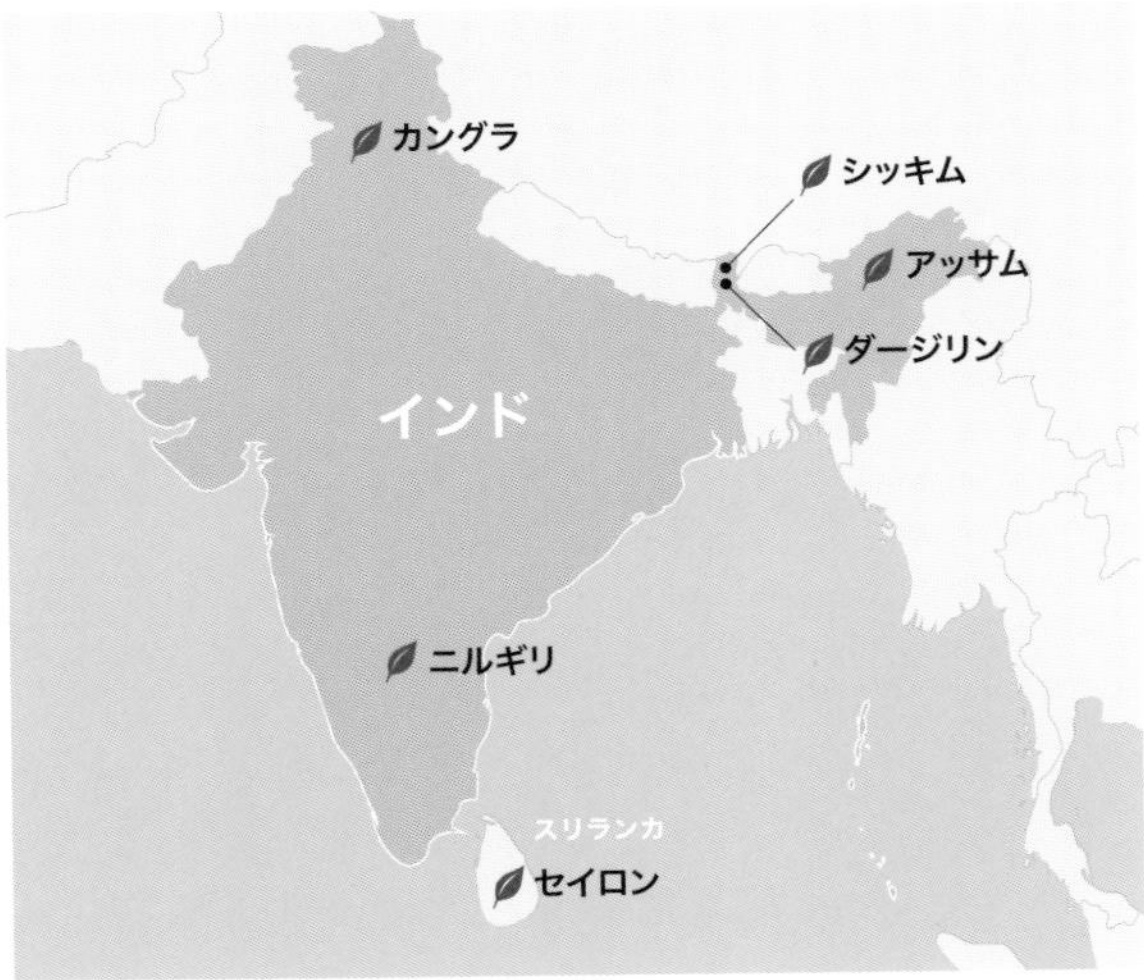

インド・紅茶工場

CTC製法とオーソドックス製法の茶葉

種類	北インド	南インド	ケニア	スリランカ	インドネシア
CTC	91.5	19.3	42.6	2.3	1.0
オーソドックス	4	4.4		31.1	9.0

2014年茶の生産比率(紅茶入門 2016参照)　(単位/万t)

王がインド皇帝となりインド帝国が完成、1880年代にはアッサム茶の輸出量が中国茶を上回り、英国国内に広く普及するようになるのです。

　現在インドは世界最大の紅茶生産国であり、紅茶消費国です。2020年インドでの紅茶の生産量は142万t、北東インド(アッサム、ダージリン、ドアーズ、テライ)で、全体の75%が生産されています。製造方法の内訳は、CTC製法(32ページ参照)93%、オーソドックス製法7%です。インド国内での紅茶の消費量は108万t。1人あたりの紅茶消費量は年間約790g(108万t÷2020年の人口13億6641万人)になります。そのため、インドの紅茶生産量は世界第1位になりますが、輸出量となるとケニア、スリランカに次いで世界第3位となります。

インド5大産地

アッサム

　インド北東部アッサム州のブラマプトラ川流域に広がる標高50~500mの低地のアッサムは、年間平均気温28~35℃、年間の雨量は2000~3000㎜と世界有数の多雨地帯です。アッサムには、現在約750の茶園があります。茶畑の中にある背の高い樹は、シェイドツリー(日陰樹)と呼ばれています。樹の枝を広げ茶畑を覆い、アッサムの強い日差しから茶樹を守っています。アッサム種は茶葉が大きいので収穫面で効率がよいのが特徴です。9割以上の茶葉がCTC茶に加工され、リーフティーは年々減少しています。5~6月のセカンドフラッシュは、もっとも評価が高く、糖蜜を思わせるモルティーフレーバーと、濃厚で力強い味わいがあります。ゴールデンチップ(黄金色に染まった新芽)がもたらす旨みと甘い香りが特徴です。

インド・アッサム

ダージリン

　インド北東部、西ベンガル州の最北端、ヒマラヤ連峰のカンチェンジュンガの山麓にあるダージリンでは、1841年に中国種の茶の種が根づいたことをきっかけに、商業的な茶園が検討されるようになります。現在標高500~2000mの高地に茶畑が広がっていますが、日中と朝晩の寒暖差が霧を誘発し、この地独特の茶の風味を引き立てています。

　開墾当初ダージリンに植樹された茶樹から繁殖させて作られた中国種の茶樹は、きりっとした渋みとすっきりした香り、小さな茶葉が特徴です。挿し木で増殖させた単一の遺伝子を持つクローナルの茶樹は、同じ環境であれば新芽を同時期に計画的に収穫できる、また品質が安定しているなどの大きな利点があり、近年、ダージリンで栽培される茶樹の主流となっています。国に登録されているクローナルは主要なものだ

インド・ダージリン

インド・ニルギリ

けでも約30種あります。花のように甘い圧倒的な香りと、みずみずしく繊細な風味です。

90弱の茶園による年間生産量は5000t前後と少なく、春先のファーストフラッシュ、初夏のセカンドフラッシュ、真夏のモンスーン、秋のオータムナルと収穫時期により風味が大幅に変化します。モンスーン以外は乾季のお茶になるため、希少価値の高い特別な茶葉としてシングルオリジンティーとして扱われます。2016年欧州連合（EU）では、ダージリンティーを地理的表示保護（PGI）に指定し、ダージリン産100%の紅茶以外にこのブランド名を使うことを禁止しました。今後はより一層、確かなダージリンの購買を求める消費者のために、季節、茶園名、ロットナンバーなど細かい表記に注目が集まることでしょう。

ニルギリ

南インド、タミルナードゥ州の、ケララの近くの丘陵地帯のニルギリでは、1850年代から茶園の開拓が始まりました。原生林を開拓して茶園にしたため土壌が東インドより豊かなことが特徴です。ニルギリとは現地の言葉で「ブルーマウンテン（青い山）」を意味します。「ブルーガムツリー」と呼ばれるシェイドツリーの葉の裏が青緑で、風が吹くと翻り山を青く染めるから、12年に1度この地域で一斉に咲くクリンジの花により山が青く見えるからなど、青い山の由来は様々です。茶園は標高1200〜1800mの高地にあり、大小合わせ約200にのぼります。生産量の90%以上がCTC製法で製茶されています。スリランカと同じく年2回モンスーンが吹く影響で、1年中紅茶が栽培できる産地です。東側斜面では7〜8月に、西斜面では12〜2月に旬の時期を迎えます。

シッキム

シッキムは独立した王国でしたが、1975年にインド22番目の州として帰属しました。1969年に国王により、テミ茶園が設立されました。標高は1000〜2000m、最高気温が28℃を上回ることがほとんどない寒冷な地域です。現在も大型茶園はテミ1つだけで、あとは小規模農園が点在するのみです。年間生産量は100t未満と少量です。ダージリンと同じく、旬は年に3回あります。春のファーストフラッシュ、初夏のセカンドフラッシュ、秋のオータムナルです。

カングラ

インド北西部のカングラはインドでもっとも古いお茶の産地です。1830年代から中国種のお茶を育てるため中国から茶の樹がインドに送られ各地で栽培を開始しました。その産地の1つにカングラがあり、中国種の栽培に成功し、茶園が開拓されました。しかし1905年、死者が約2万人となるマグニチュード7・8の大地震が起き、茶園はほぼ壊滅してしまいます。21世紀に入り、産地復興がなされ、現在小数ですが茶園が稼働し始めています。標高は900〜1500m。冷涼で昼夜の寒暖差が激しく、霧が発生しやすい土地です。製茶は緑茶がメインで、アフガニスタンを中心とした中央アジアに輸出されています。紅茶の生産は少量ですが、春先に質の高い紅茶が作られます。

インド紅茶 5大産地 テイスティング

インドの代表的な産地の紅茶の特徴をご紹介します。

ダージリン ファーストフラッシュ

MILK STRAIGHT ALL ICE

水色 黄みがかった淡いオレンジ色。透明感があり、黄金色のような輝きを放ちます。

香り グリニッシュとも評されるさわやかで若々しい芳香。

味 緑茶を思わせるような、ほのかな渋みと旨み、若葉のようなみずみずしい風味が楽しめます。

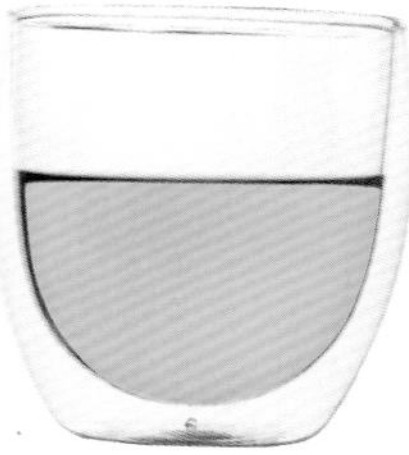

ダージリン セカンドフラッシュ

MILK STRAIGHT ALL ICE

水色 明るく透明感があり、琥珀がかった輝きのあるオレンジ色。

香り マスカテルフレーバーと呼ばれる、フルーツを熟成させたような甘い香り。

味 パンジェンシーと呼ばれるすっきりとした心地よい渋みや、コクとキレのある味が特徴。飲んだ後の余韻も続きます。

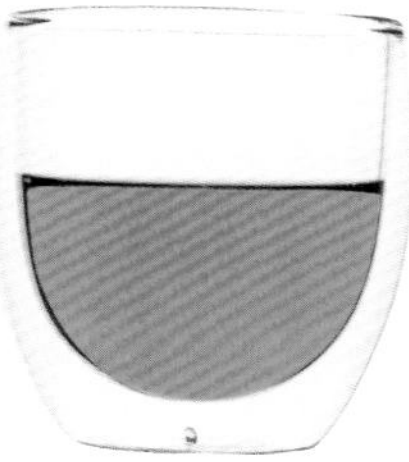

ダージリン オータムナル

MILK STRAIGHT ALL ICE

水色 赤みがかった澄んだオレンジ色。バラを思わせるような色合い。

香り ナッツのような香ばしい甘い香り。

味 渋みが少なくほのかな甘みが感じられる。コクとキレがバランスよくまろやかで飲みやすい風味。

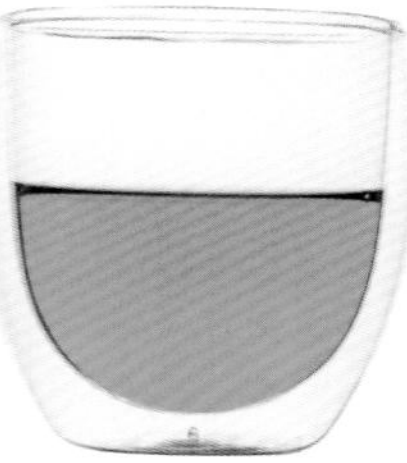

ニルギリ

MILK　STRAIGHT
ALL　ICE

水色　透明感のあるオレンジ色で、若干赤みも見られます。

香り　柑橘系や、野に咲く花を集めたようなさわやかな香り。

味　すっきりとさわやかな後味。渋みが少なく、軽い味わい。飲みやすいので、紅茶初心者の方にもおすすめです。

アッサム セカンド フラッシュ

MILK　**STRAIGHT**
ALL　ICE

水色　濃い赤褐色。クオリティーシーズンのものには輝きも見られます。

香り　モルティーフレーバーとも称される、糖蜜を思わせる甘く豊潤な香り。

味　スイートポテトや焼き栗のような濃厚で力強い味わい。渋みとコクが口の中に広がってきます。

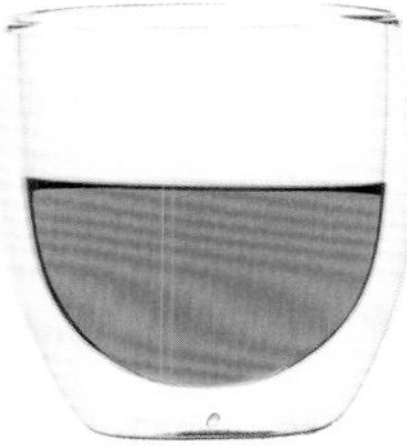

カングラ

MILK　**STRAIGHT**
ALL　**ICE**

水色　透明感があり、輝きのある淡い黄色。黄金色とも喩えられます。

香り　ダージリンに似た青々しい繊細な香り。優しいフローラル系の香りも。

味　柔らかな渋みを持ちつつ、若干のコクも感じられます。ダージリンとはひと味違う大人の味わい。

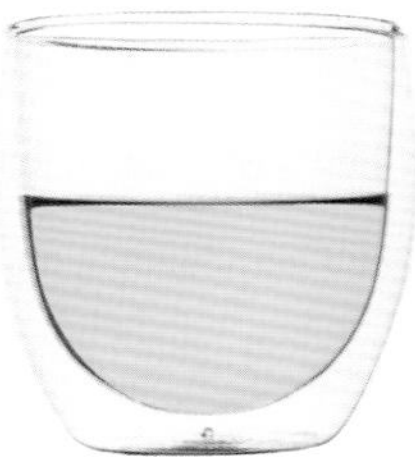

シッキム

MILK　**STRAIGHT**
ALL　**ICE**

水色　透明感があり、美しいオレンジ色の鮮やかな水色が楽しめます。

香り　草花を感じさせるようなさわやかな香り。ほのかに干し草のような甘い香りも。

味　ダージリンに似た風味を持ちますが、渋みが少なく、まろやかで軽やかな味わい。

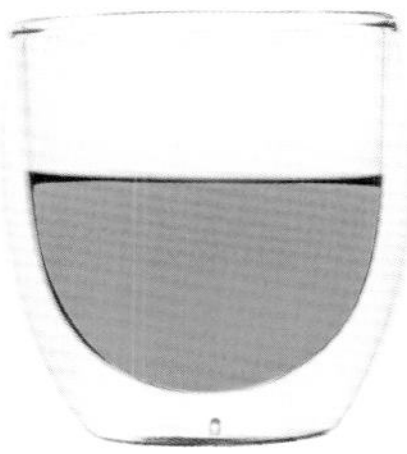

Lesson 4

紅茶の産地　スリランカ

スリランカの紅茶は、スリランカの旧国名「セイロン」の名前で親しまれています。日本ではペットボトルの紅茶飲料の原料としても認知度が高いセイロンティー。基本をおさえていきましょう。

スリランカの紅茶工場。

スリランカ紅茶の歴史

英国人による紅茶栽培の始まり

スリランカは、かつてセイロンと呼ばれていました。島は大航海時代以降、ポルトガル、オランダの植民を受け、19世紀初頭からは、英国の支配を受けます。当時セイロンはコーヒーの栽培地として栄え、世界第2位の生産量を誇っていました。しかし1860年代に、コーヒーの木がさび病と呼ばれる病気になり、コーヒー農園が全滅してしまったことから、新たな農産物としてインドで栽培に成功していた紅茶に注目が集まります。

ジェームズ・テーラーによる紅茶栽培の成功

セイロンでの茶栽培に貢献し、セイロンティーのパイオニア、セイロン紅茶の父と讃えられた人物がジェームズ・テーラーです。彼はスコットランドからやって来た開拓者でした。1852年、16歳の若さでセイロン島にやって来たテーラーは、コーヒー農園で働きます。その後彼は1867年、農園主からキャンディ地方の片田舎、ルーラコンデラの土地で紅茶栽培を命じられます。

テーラーは200人の労働者とともに、道路を造り、茶を植える土地を耕しました。彼は植物栽培だけでなく、土木の技術屋でもあり、土地の測量、機械の製作、建築……といたる所で才能を発揮し、茶栽培を1年ほどで軌道に乗せます。

1873年にルーラコンデラで製茶された初めての紅茶はロンドンに送られ、高い評価を得ました。テーラーは57歳で亡くなるまで、紅茶栽培に尽力しました。キャンディにあるテーラーのお墓には「彼は一生を独身で通した。ルーラコンデラは彼が最初に愛し、そして最後まで愛したところだった」との言葉が綴られています。ルーラコンデラ茶園は、スリランカ最古の茶園として今も稼働しています。

現在、スリランカでは1年を通じて紅茶が栽培されています。紅茶の生産量は、インド、ケニアに次いで世界第3位。毎年30万t前後の紅茶を生産しています。2020年の生産量は27万8000tでした。総生産量の90%が世界160ヵ国の輸出用に回されます。輸出量はケニアに次いで第2位。国民1人あたりの茶の消費量は1・3kgと、隣のインドの790gに比べると2倍近い消費量ですが、人口が少ないため輸出に回せる量が多いのです。

スリランカは海抜約2600mと起

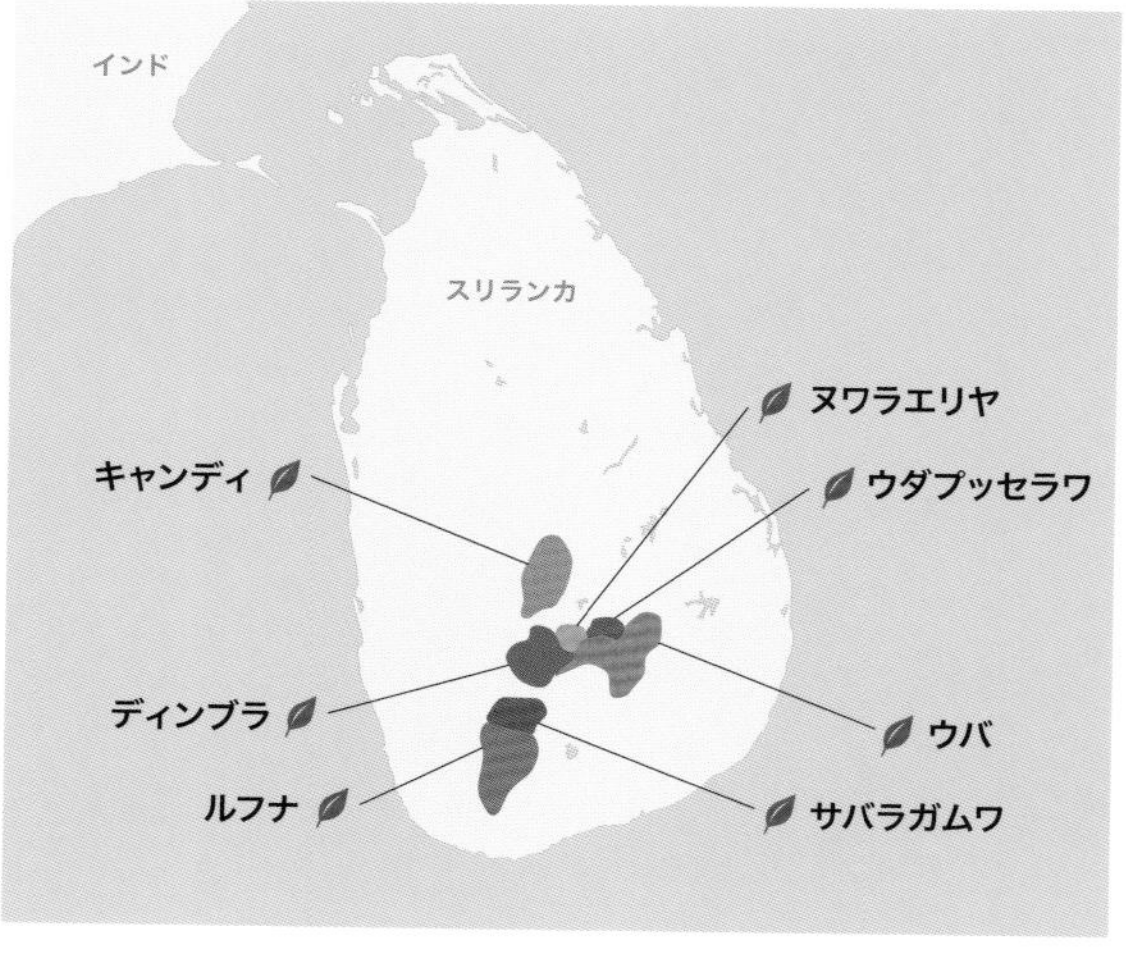

伏に富んだ土地で、標高によって気候が異なります。また北東モンスーン（11～2月）、南西モンスーン（5～9月）とモンスーンの時期が年2回あり、茶樹の成長や収穫によい影響を与えています。スリランカ茶業局では、高産地茶（ハイグロウンティー）に、ヌワラエリヤ、ウダプッセラワ、ウバ、ディンブラ、中産地茶（ミディアムグロウンティー）にキャンディ、そして低産地茶（ロウグロウンティー）にサバラガムワ、ルフナと標高別に産地を分類して管理しています。

スリランカ紅茶6大産地

ヌワラエリヤ

スリランカ中央山脈の霧に包まれた標高1800～2000mの高地で栽培されています。日中は強い日差しが照りつけて20～25℃になりますが、夜になると気温は5～14℃まで下がります。この温度差が豊かな香りの茶葉を作ります。品種は中国種系統で緑色の葉が混じるのが特徴です。英国人の避暑地として発展した町のため、今もその面影を残し、街には競馬場、パブ、英国風の建物が並び、別名「リトル・イングランド」と呼ばれ親しまれています。本格的なアフタヌーンティーを楽しめることでも有名。11～2月に吹く北東モンスーンの影響を受け、1～3月に良質の紅茶ができます。

スリランカ·ヌワラエリヤ

ウバ

島の南東部の山岳地帯に位置し、標高は1000～1600mで栽培されています。日中の高温と夜間の冷気のために霧が発生しやすいことも、個性ある紅茶を作るためにプラスとなっています。インドのダージリン、中国のキームンとともに世界三大銘茶の1つに数えられています。最近はオーガニックティー作りも盛んに行われるようになってきました。南西モンスーンの影響を受け、7月末から9月に良質の紅茶ができます。近年、ウバの特徴でもあるメンソールの香りをつける着香の問題があります。

ディンブラ

標高1200～1600mに位置する高地で栽培されています。1年を通して安定した紅茶が作られます。茶園は整理整頓され、とても清潔です。茶業試験場など研究機関も集中している地域です。なお、ディンブラは地名ではなく峡谷周辺にある地区の総称です。11～2月に吹く北東モンスーンの影響を受け、1～3月に良質の紅茶ができます。

キャンディ

標高600～1200mの中産地。1年を通して気候が穏やかで、季節風の影響も受けないため、安定した品質の紅茶が作られます。最後のシンハラ王朝があった場所でもあり、スリランカ最大の都市コロンボからのアクセスもよい街のため、最近は紅茶博物館など、紅茶観光地としても開発が進んでいます。収穫は通年行われ、品質が安定していてバランスがよい紅茶です。

サバラガムワ

標高600m以下。以前はルフナとされていた地域でしたが、香り、味がかなり違うため独立地域として認定されました。ルフナのやや高地に位置する場所で栽培され、収穫は通年行われています。

ルフナ

標高600m以下。高温多湿な気候での亜熱帯雨林です。ルフナとは、現地語で「南」という意味です。小規模の茶園が多く、生葉を工場に持ち込み買い取ってもらう個人農家が主体の産地です。暖かい気候と肥沃な大地が良質な茶葉を作ります。収穫は1年中行われています。

スリランカ紅茶
6大産地
テイスティング

スリランカの代表的な産地の紅茶の特徴をご紹介します。

ヌワラエリヤ

MILK STRAIGHT ALL ICE

水色 透明感のある、明るいオレンジ色。やや黄みがかった印象も。

香り 草原を思わせる青々しさと、花のような甘さが混ざったような香り。

味 緑茶に似たような心地よい渋みと、さわやかなキリッとした喉ごしが楽しめます。和菓子とのペアリングもおすすめ。

ディンブラ

MILK STRAIGHT ALL ICE

水色 ウサギの目のように赤く透明感があり、鮮紅色ともいわれます。

香り バラのような、フラワリーな甘い香りが感じられます。

味 爽快感があり、切れ味のよい渋みが特徴。紅茶の優等生といわれ、バランスのとれた味わいです。

ウバ

MILK STRAIGHT ALL ICE

水色 赤みが強い澄んだオレンジ色。カップの縁にゴールデンリング（カップの内側にできる金色の輪）が見られる場合も。

香り ウバフレーバーと称されるミントのようなメンソール系の独特な香りが特徴。

味 パンジェンシーと呼ばれる、心地よいキリッとした渋みが癖になります。すっきりした味わいを求める時にぜひ。

サバラガムワ

MILK　STRAIGHT
ALL　ICE

水色　やや濁った、深みがある赤褐色が特徴。

香り　糖蜜のような甘い香り。鼻に抜ける香りは抜群です。

味　深いコク、驚くほどの余韻を持ち、豊潤な味わいを感じることができます。ミルクティーにすると本領を発揮します。

キャンディ

MILK　STRAIGHT
ALL　ICE

水色　明るく、輝きがある鮮やかな美しい紅色が特徴。

香り　キャラメルのような甘い香り。

味　渋みが少なく、穏やかで軽い味わい。癖が少ないので、ハーブやスパイスと合わせたアレンジティーにもおすすめ。

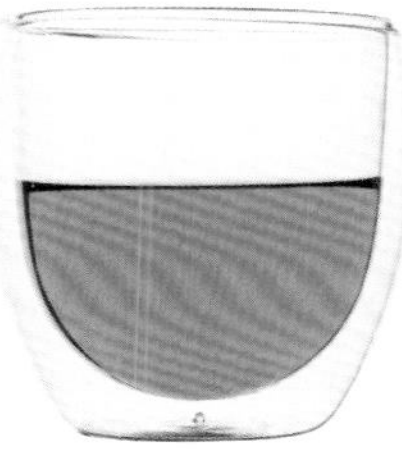

ルフナ

MILK　STRAIGHT
ALL　ICE

水色　しっかりとした濃い赤褐色。ミルク負けしない色合いです。

香り　黒蜜のような甘い香りと、ほのかに燻したような香ばしさ特徴。

味　心地よい渋みとしっかりとしたコク、さらに濃厚な甘みが口の中いっぱいに広がります。

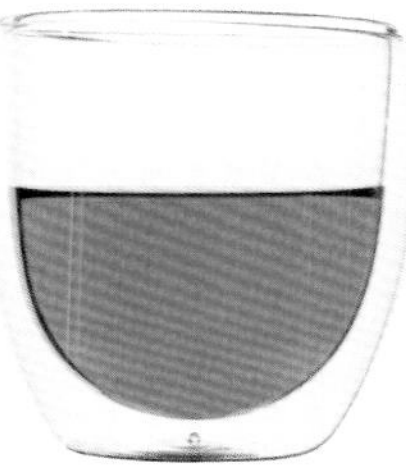

Lesson 5

紅茶の産地 アフリカ・アジア

アフリカ大陸には、世界第1位の紅茶の輸出量を誇るケニアを筆頭に、タンザニア、マラウィなど多数の紅茶の生産地があります。またアジア圏に広がる紅茶の産地についても、知識をおさえておきましょう。

20世紀の紅茶栽培

20世紀に注目されている産地

20世紀に入り英国の支配力の強かった東アフリカ諸国は、肥沃な土地が多く、気候条件も良好であるため茶栽培地の候補として有望視されます。

インド、スリランカで茶業に従事してきた英国人の退職技術者などが、経営技術を活用する新天地として東アフリカに着目。充分な科学調査の後、1903年にケニアで栽培実験を試み、その成功に基づいて1924年以降、ケニアで本格的に茶栽培が始まりました。そして現在ではケニア、タンザニア、ウガンダ、マラウィにまで産地は広がっています。これらの産地の紅茶は、ペットボトル、ティーバッグ、インスタントティーなどを通し、知らず知らずのうちに私たちの口に入っています。

新たな紅茶の製法CTC

20世紀に入ると従来の中国由来の「オーソドックス製法」に対し、「手軽にもっと濃厚な紅茶を」という要求に応じて新たな紅茶の製法が考案されます。それは「アンオーソドックス製法」と呼ばれる製法です。Crush（押しつぶす）、Tear（引き裂く）、Curl（丸める）の頭文字を取ってCTCと呼ばれるこちらの製法は、1930年代に考案されました。

CTC製法の場合、機械で茶葉を細かく引き裂くことで、葉の汁が充分に絞り出されるため、発酵や乾燥が短い時間で効率的に行われます。さらに茶葉が細かいために濃い水色や風味が短時間で出ることから、急速に発展し世界各国の産地へと普及していきました。CTC製法は、ケニアやアッサムなどの様々な地域で採用され、世界の紅茶生産量の半分以上を占めています。2020年ケニアの生産量は年間57万tで世界第2位、輸出量は世界第1位を誇るほどになっています。

CTCの製造工程

摘採	茶摘みは「一芯二葉」摘みが基本。
萎凋	摘み取った茶葉を萎凋槽に入れ、葉の水分を飛ばします。CTC製法では10～16時間かけて水分を70%まで失わせます。
ローターバン機	肉を挽く機械からヒントを得て考え出された機械。大量の茶葉を圧縮し、細かく砕いて揉捻します。
CTCローラー機	茶葉を潰して引き裂き、丸く成形して細かい粒状の茶葉へと加工する機械。高速と低速で回転する2本のローラーの間に茶葉を巻き込み、ローラーについた突起やナイフが茶葉をちぎっていきます。ローラーでねじりながら運ぶ間に茶の破片をローラーの表面でこすって、直径1mm程度の粒状に丸めていきます。この機械によって大量生産を可能にし、安価で手軽に紅茶が楽しめるようになりました。
発酵	茶葉に含まれる酸化酵素を調整して、発酵を促す連続自動発酵機を使う場合が多いです。茶葉が細かい粒状なので短時間で発酵が終わります。
乾燥	酸化発酵を止めるため、100℃近くの熱風を当てて、水分が3～4%になるまで乾燥します。CTC機による製法は、完全に発酵した茶汁が茶の繊維についた状態で乾燥されるので、熱湯をかけるとすぐに溶け出して、濃厚な紅茶が簡単にできます。
等級区分	ブロークンペコー（BP）、ペコーファニングス（PF）、ペコーダスト（PD）、ダスト（D）とふるい分けられます。

アフリカの紅茶

ケニア

東アフリカの赤道直下に位置するケニアはアフリカを代表する紅茶産地です。標高1500～2700mの高地で栽培が始まりました。国土の多くが高原となっているため年間平均気温が10～28℃と過ごしやすく、年間降雨量は1200～1400㎜と、よく晴れた日が長期間続き、お茶の育成には最適な気候で、1年中茶摘みができます。気温が低い高地で栽培されていることなど深刻な病害虫が少ないため、化学物質の肥料は使用しないオーガニック茶としても知られています。11～3月にかけて吹く北東モンスーン、5～9月の南東モンスーンの影響により、1～2月と7～9月の年2回のクオリティーシーズンがあります。

タンザニア

タンザニアは東アフリカ最大の国です。第一次世界大戦前にドイツ人により茶園経営が始められ、本格的な商業的生産が始まるのは、1926年からになります。標高1500～2500mの高地で栽培しているため、深刻な病害虫は少なく、ほとんどの茶園は農薬を使っていません。紅茶栽培に適した環境にあり、年間を通じて栽培されています。5～7月がクオリティーシーズンとなり、1～2週間で繰り返し茶摘みが可能になります。

ウガンダ

ウガンダの茶栽培の歴史は、インドやスリランカから茶の種を輸入したことから始まります。本格的に茶栽培が開始されるのは、1960年代からです。しかし1970年代に内乱による混乱で一時生産量が激減してしまいます。その後1989年にEUの支援が始まり、ウガンダ政府も支援したことから復活し、現在はアフリカ大陸第2位の紅茶生産量を誇ります。標高1200m以上の高地での恵まれた気候と天然の肥料が施された土壌のおかげで最高品質のお茶を産出しています。年々生産量が増えており、今後も注目の産地です。

マラウィ

紅茶生産は1886年に始まり、アフリカではもっとも古い茶栽培の歴史を持っています。アフリカでは珍しく標高400～1300mの低地で栽培が行われています。品質が安定しているので、年間を通じて収穫されています。主にブレンド用、ティーバッグ用として消費されていますが、日本向けには飲料メーカーの原料茶用として期待されています。

アジアの紅茶

インドネシア

インドネシアの茶栽培の歴史は古く、1690年にオランダ人が、ジャワに中国種の茶樹を植えたのが始まりといわれています。しかし、赤道直下の暑い地域のため、暑さに弱い中国種は育ちませんでした。1872年にアッサム種をセイロンから導入し、本格的に栽培が開始されます。ジャワ島とスマトラ島が主産地ですが、ほぼ9割がジャワ島で生産されています。標高300～1800mの高原地帯で生産され、熱帯でありながら極めて過ごしやすい、スリランカに近い気候で、紅茶生産にはとても適しています。クオリティーシーズンは6～9月です。

マレーシア

19世紀後半、英国の統治下となったマレー半島パハン州に位置する標高1500m以上の涼しい山岳地帯が避暑地として注目を浴びます。1885年に、この地を初めて訪れた調査官ウィリアム・キャメロンにちなんでキャメロンハイランドと名づけられた土地は、英国人の愛するお茶の木を育てるのにも適していたことから、1929年に茶園が作られて以降、広大な茶畑が広がっていきました。年間生産量が4000t前後と少ないため、国内での流通がほとんどです。

ネパール

東西南をインド、北を中国チベット自治区に接する東西に細長い内陸国で、ヒマラヤ山岳地帯と山麓で構成された標高900～2100mの高産地の斜面に茶園が広がっています。1863年にダージリンから茶樹が持ち込まれ、イラムで茶園が最初に開かれました。その後1990年には、ネパールの各産地に工場が併設されるようになりました。ダージリンに場所が近いため茶園が作られ始めた当初は、ダージリンの紅茶として出荷されていましたが、2000年代からはネパール国内の産業の1つとして、ブランド化が進められています。年間の生産量は2・5万t前後で、近年おいしい紅茶を作る産地として注目を浴びています。春のファーストフラッシュ、初夏のセカンドフラッシュ、秋のオータムナルと、インドのダージリンと同様に年3回旬を迎え、香りの高い紅茶が生産されます。

ケニア

MILK STRAIGHT **ALL** ICE

水色　深く濃いオレンジ色で澄んだきれいな色をしています。

香り　フレッシュで、甘く優しい香りを感じることができます。

味　適度なコクと渋みで、マイルドな味わいが特徴。癖がなく、とても飲みやすい味わいです。

アフリカ・アジア紅茶 7大産地 テイスティング

アフリカ・アジアの代表的な産地の紅茶の特徴をご紹介します。

ウガンダ

MILK STRAIGHT ALL ICE

水色　明るいオレンジ色から赤褐色で、美しく澄んだ色あいをしています。

香り　さわやかで、フルーティーな甘い芳香を持っています。

味　フレッシュでマイルドな飲み口で、軽めのミルクティーを楽しみたい時におすすめです。

タンザニア

MILK STRAIGHT ALL ICE

水色　やや濃い赤褐色で、夕日を思わせるような美しい色です。

香り　樹齢の若い茶の木特有のフレッシュな香りと、芳醇な甘い香りが特徴です。

味　まろやかで渋みが少なく、優しい風味の紅茶です。飲んだ後にもしっかりと紅茶の旨みが残ります。

インドネシア ジャワ

MILK / STRAIGHT / **ALL** / ICE

水色 透明感があり、赤みがかったオレンジ色をしています。

香り 癖のない穏やかな香り。クオリティーシーズンは柑橘類のようなさわやかな香りも。

味 渋み、癖が少なくキレのあるすっきりとした飲み口で、マイルドな風味を持っています。食事中のお茶にもおすすめ。

マラウィ

MILK / STRAIGHT / ALL / ICE

水色 濃く鮮やかな紅色が売りです。ミルク負けしない紅茶として重宝されています。

香り 力強いロースト感のある香りと、ほのかな甘い香りが特徴的です。

味 渋みが少なく、甘みのあるソフトな風味です。スリランカの紅茶、ルフナに似ているといわれます。

ネパール

MILK / **STRAIGHT** / ALL / **ICE**

水色 透明感のある黄みがかった淡いオレンジ色をしています。

香り フルーツのように甘く、華やかで豊潤な香りが漂います。

味 マイルドな渋みとふくよかな味わいがあり、飲み終わった後に口の中に広がる余韻も特徴的です。

マレーシア

MILK / STRAIGHT / **ALL** / ICE

水色 しっかりとした色あいで、濃い赤褐色をしています。

香り すっきりとしたさわやかな繊細な香りが特徴です。

味 渋みが少なく、マイルドな味わいで、すっきりとした、とても飲みやすい風味の紅茶です。

Lesson 6

紅茶の産地　中国

東洋の神秘薬として西洋人を魅了した茶の故郷。
お茶が西洋に伝わり、深い関わりを持つことにより
中国のお茶の文化にも変化が起こります。

お茶の始まり～中国

神農伝説～薬としてのお茶

現在、世界中で愛飲されているお茶ですが、その発祥地は中国です。紀元前2737年、農業の祖といわれる神農皇帝が、初めてお茶を口にしたことが、茶の起源とされています。様々な植物の毒味をしていた神農皇帝は、1日72回の毒にあたったといわれています。神農皇帝は、毒消しに茶の葉を入れた白湯を飲んだそうです。茶の葉は、体を浄化する、眠気覚ましの効果があるなど「霊力の強い薬」として、寺院を中心に嗜まれるようになります。

茶の発祥の地とされる「雲南省」には、中国各地に茶を運搬した道が残されています。茶を売り、馬を買って帰ったことから名づけられた「茶馬古道」、別名「ティーロード」を通じ、茶は隣の四川省に渡りました。そして長江沿いに、中国全土にその存在が伝えられていったのです。

茶経～嗜好品としてのお茶

喫茶の習慣が定着したのは三国時代（220～280年）と推察されています。『三国志』の中で、宴の席で酒の代わりに、緑茶を飲んだという話もありますが、茶を嗜好飲料の地位に押し上げたのは、唐の茶人「陸羽」でした。陸羽は世界最初の茶書専門書『茶経』の著者とし

茶葉生産地概略図

唐の茶人「陸羽」
浙江省の杭州にある中国茶葉博物館の境内に立つ陸羽の銅像。

て知られています。「茶は、南方の嘉木《かぼく》なり」という序文から始まる茶経は今でも世界中で愛され、茶の研究本の基本書とされています。茶経には茶の原産地、性質、形態、採取、製法、金額、飲み方、道具など、総合的な茶の世界が紹介されています。きちんとした製法で製茶された茶はこの上ない嗜好飲料になり、価値も上がる……。陸羽好みの茶産地、茶器、作法は文化として継承・発展していきます。17世紀、清の時代になると福建省で新たな茶の製法により烏龍茶が誕生。香りを楽しむ茶の飲み方が広がりました。

中国からヨーロッパへ 茶の広がり

1610年　オランダ東インド会社が緑茶の初輸入

1610年、海洋先進国であり、東洋貿易に強かったオランダが初めてお茶の輸入に成功をします。オランダ、そしてポルトガルなどスパイス貿易でアジアに植民地を持っていた国を中心に、お茶、そして陶磁器の輸入は発展をしていきます。1636年にはフランスにもこの文化が広がり、フランスの宮廷でもお茶が嗜まれるようになります。フランス国王ルイ14世は主治医からお茶をすすめられ、痛風、心臓病・肥満防止のため、茶を愛飲したそうです。

英国人と喫茶文化

1650年頃、茶の文化は英国にも紹介されます。文化人が集ったコーヒーハウスと呼ばれる社交場で、お茶は「東洋の珍しい飲み物」として紹介され、「万病に効く薬」として賞賛されます。そして1662年、ポルトガルから輿入れした王妃キャサリン・オブ・ブラガンザにより、宮廷喫茶の文化が花開くこととなります。幼少の頃より茶を嗜む生活をしてきたキャサリンは、洗練された茶のマナーを身につけており、彼女が主催する茶会は貴婦人を魅了します。この後に続くお茶を愛する王妃、女王の影響により、王族から貴族へ……そして弁護士や医者など中産階級者へ、茶の人気は裾野を広げていきました。

お茶をめぐる争い 阿片戦争

英国・中国の貿易

18世紀後半、新たな覇者となった中国の清王朝は、内政に力を注ぐため、西洋諸国に対し制限貿易を宣言します。英国の対中国貿易は赤字の一途を辿り、現状を打破するために中国に外交官を派遣し「自由貿易の権利」、「貿易港の拡大」を求めますが、交渉は決裂します。貿易赤字は年々進み、しかも国内の銀が不足するという深刻な状況に追い込まれてしまいます。

阿片をめぐる三角貿易から阿片戦争へ

どうにかして銀を取り戻そうと、英国は密かに策略をめぐらしました。それはインド産阿片を中国に密輸して茶の代金にあてるという方法でした。中毒性のある阿片は、中国社会を蝕みます。中国政府は阿片貿易の取り締まりを強化し、外国人商人たちに阿片を差し出し放棄することを命じました。英国人は最後まで拒みますが、最終的には阿片を放棄することになりました。財産を奪われた商人たちは本国の議会へ助けを求めます。協議の結果、英国の議会は1840年2月、清国に対する武力攻撃を決定しました。「自由貿易の権利を守る」ことが大義でした。同年6月、英国の艦隊が広東沖に到着すると、ただちに広州湾を封鎖、阿片戦争の火ぶたが切って落とされたのです。清国は、英国艦隊の力になすすべもなく、1842年8月、英国の要求を全面的に受け入れ南京条約を結びました。そこで取り決められたのは、「香港の割譲」、「広州を含む厦門、福州、寧波、上海の五港の開港」など中国には不利な条約でした。

中国での紅茶栽培

阿片戦争の勝利は、英国と中国との関係に変化をもたらすことになります。英国は緑茶、烏龍茶が主だった中国の製茶産業に、より発酵度の強いお茶作りを求めるようになります。1851年、福建省で「政和工夫紅茶」と記録された、発酵度の高い現在の紅茶に近い風合いの茶が製茶されます。産業革命により、紅茶の生産にも機械導入を始めた英国は「揉念機」を開発し、積極的に中国に持ち込み、各地で揉念機由来の紅茶が生産されるようになります。

中国

現在中国で作られているお茶は約263万t(2018年)。そのうち64%は緑茶に加工されています。紅茶の生産量はたった3万t。うち90%は輸出用、残りも外国人を相手にするホテルやレストラン用として流通しているに過ぎません。英国人の欲した紅茶は、急速な発展を遂げたため、中国人の文化にはなじまない存在になっているのが現実です。

代表的な中国紅茶

祁門《キームン》紅茶

安徽省祁門県にあるお茶の産地。標高300~1200mの地に茶畑が広がっています。元々は緑茶の産地でしたが、1875年頃から紅茶の生産が開始されました。1915年にパナマで開催された世界食品展で金賞を受賞したことをきっかけに、世界三大銘茶の1つになりました。中国伝統の製法で時間と手間をかけて丁寧に製造される「工夫紅茶」で、収穫時期は3~9月頃まで、クオリティーシーズンは3~4月です。欧州では「中国茶のブルゴーニュ」ともいわれ、英国のヴィクトリア女王の誕生日に献上されたお茶としても知られています。エリザベス女王も、誕生日には、祁門紅茶を愛飲していたようです。

ラプサンスーチョン（正山小種）

世界のお茶のルーツといわれる福建省武夷山周辺の標高800~1500mで生産される紅茶です。収穫された茶葉を発酵させたあと、松の木を燃やした煙で茶葉をいぶして着香させるという、他にはないユニークな製法で作られています。収穫期は春と夏の年2回で、1芯4葉摘みを基本とし、芯芽部分は使われず、比較的下の大きくて堅い葉が使われます。その後、萎凋→揉捻→発酵→乾燥（大きな鍋で炒る）→再揉捻→燻焙→乾燥という通常より手間のかかる工程で製茶されます。春茶は4~5月、秋茶は10月頃に生産されます。

雲南紅茶

中国南西部雲南省にある標高1000~2000mにある産地の紅茶です。雲南省は略称で「眞《てん》」と呼ばれることから別名『テン茶』、『眞紅』とも呼ばれています。海外では祁門紅茶について人気の高いお茶です。「雲南大葉種」と呼ばれるアッサム種系の品種が中心。ゴールデンチップが多いのが特徴です。英国では「飲むよりも、飾って愛でるにふさわしい茶」といわれることもあります。生産時期は3~11月までとなり、大きく分けて3~4月の春摘み、5~7月の夏摘み、8~9月の雨季、10~11月の秋摘みがあります。特に良質といわれるのは春摘みのものとされています。基本的にオーソドックス製法で生産されますが、一部はCTC製法も行われています。

湖南紅茶

湖南省は、黄茶、、黒茶、緑茶の生産地として知られ、紅茶の生産は微量。なかなか飲むことができない珍しいお茶です。湖南省茶業協会では、湖南紅茶の国際市場における知名度を高めようとブランド化の計画もしているようです。ゴールデンチップがたっぷりと入った茶葉で、その美しさは格別です。

中国紅茶 4大産地 テイスティング

中国の代表的な産地の紅茶の特徴をご紹介します。

雲南紅茶

MILK **STRAIGHT** ALL ICE

水色 透明感があり、鮮やかな紅色をしています。

香り ハチミツのような甘い香り。独特のスパイシーさもある豊潤な芳香。

味 甘みがあり、まろやかな渋みでマイルドな風味。口のなかに広がる余韻は最高です。

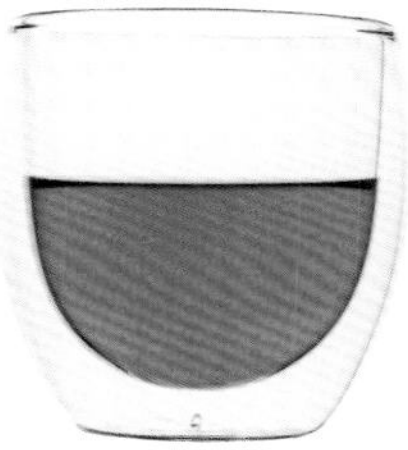

祁門紅茶

MILK STRAIGHT **ALL** ICE

水色 上級品は明るく透明感のある黄褐色。一般的には褐色がかった濃いオレンジ色。

香り 上級品はランやバラの花のような香り。一般的にはスモーキーで濃厚な香りが特徴。

味 まろやかな甘みとコク。渋みも少なくマイルド。スイーツだけではなく、食事とあわせるのもおすすめ。

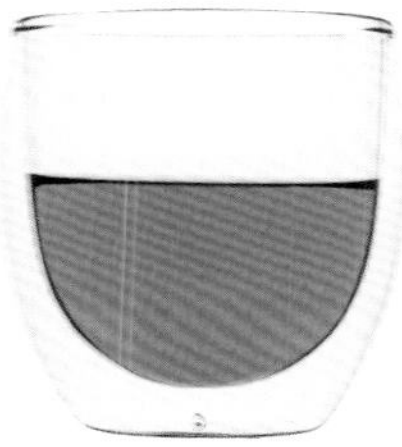

湖南紅茶

MILK STRAIGHT **ALL** ICE

水色 明るく、輝きがあるしっかりとした紅色が特徴です。

香り 香ばしい香りから、時間とともにイチジクのような甘い香りへの変化も楽しめます。

味 まろやかな甘さに、ふくよかなコクのある味わい。濃厚に抽出してミルクティーとして楽しむのも一興です。

ラプサンスーチョン(正山小種)

MILK STRAIGHT **ALL** ICE

水色 やや褐色がかった鮮やかなオレンジ色をしています。

香り スモーキーな燻製香が特徴。高品質なものは中国の果実、リュウガンの香りがします。

味 まろやかで穏やかなコク。癖の強い味わいですが、スモークサーモンやチーズなどとあわせると病みつきになるかも。

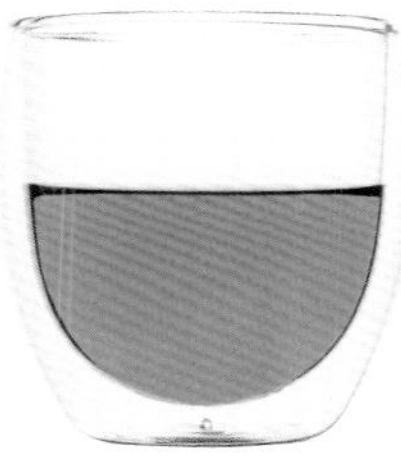

Lesson 7

フレーバードティー

アールグレイやアップルティー、キャラメルティーなど、紅茶に後づけで、他の植物や果実の香りを着香したお茶をフレーバードティーと呼びます。身近で淹れられているフレーバードティーと、その楽しみ方を紹介します。

フレーバードティーの元祖

センテッドティー

フレーバードティーの元祖は、花や果実、香辛料などの天然素材を混ぜて、茶葉に香りを吸収させて作ったセンテッドティーです。その歴史は古く、今から900年以上前の中国で誕生しました。茶葉に生花を混ぜて香りを移す薫花法のジャスミンティーやローズティー、蓮茶など、天然由来の花茶は今も根強い人気です。木を燃やした煙で香りをつける木香法のお茶には、キームンやラプサンスーチョンがあります。新しい発想のお茶は茶会でも人気となり、19世紀には西洋にも紹介されるようになります。

フレーバードティー

天然素材の香りのみを吸着させたセンテッドティーは大量生産には不向きなお茶です。そのため、価格は高価。広く普及はしませんでした。低価格で大量生産できるように改良されたのが、茶葉に香料を噴霧して着香した、フレーバードティーです。

1920年代、英国で粉末香料の製法が開発されます。その後アメリカで柑橘系のオイルが開発されます。さらに1930年代に英国で噴霧乾燥による粉末香料が発表されると、香りの低価格化は進みます。1940年代は戦争の影響で西洋に入ってくる紅茶の品質が低下し、おいしい紅茶を安価に手に入れるのが困難になりました。足りない風味や鮮度を補うための手段として、着香の技術はより発展をしていくことになります。第二次世界大戦後の1960年代、フレーバードティーは大幅にそのシェアを伸ばします。人工的に作った香りの食品添加が容認されたからです。こうしてフレーバードティーは世界に広がっていきました。

薫花法で古典的に香りをつけたジャスミンティーやローズティーはもちろん今も存在します。フレーバーオイルで着香したジャスミンティーやローズティーもあります。購入する際には、着香の方法、価格を摺り合わせて検討するとよいでしょう。

実は紅茶大国英国では、フレーバードティーの普及率はとても低く、スーパーマーケットで売られているフレーバードティーはアールグレイくらい。お米を常食としている人が、日常はお米と水だけで炊いたシンプルなご飯を食べ、炊き込みご飯など香りづけがされているご飯はたまにしか食べないのと同じ。紅茶を日常の飲み物としてとらえている国、消費量の多い国は「ノンフレーバー派」、紅茶を非日常の特別な飲み物としてとらえている国は「フレーバー派」と、それぞれの国により飲み方も異なっているのが面白いところです。あなたの嗜好はどちらでしょうか。

フレーバードティーに使われる香料について

●香料種類

フレグランス……食品以外のものにつける香料。

フレーバー……食品につける香料（紅茶はこちら）。

●香料の原料

動物性香料……ビーフ、ポーク、チキンなど。

植物性香料……花やハーブなど（紅茶はこちらが主）。

●フレーバーの形態

水溶性……香りの立ち方が鋭く、軽快でフレッシュ感がある。加熱によって香りがとびやすい。

油溶性……香りが強く、水に溶けず耐熱性が高いのが特徴。紅茶によく使用される。

粉末……耐熱性があり、酸化しにくい。

●着香目的

付香……全く別の香りをつける。

補香……そのものの香りを補強する。

マスキング……好ましくない香りを消す。

代表的なフレーバードティー

シトラス系

特徴
爽快感溢れる風味、
春夏向き

アールグレイ、
グレープフルーツ、 レモン、
ライム、 オレンジ、 ユズ

アールグレイ

フラワー系

特徴
花びらをブレンドして
華やかな演出を
することも

ローズ、サクラ、
キンモクセイ、ジャスミン

サクラ

ローズ

フルーツ系

特徴
フルーツの甘みや香りは
万人受けします

アップル、ピーチ、
ストロベリー、バナナ、
ブルーベリー、
ラズベリー、マンゴー、
パッションフルーツ

アップル

ハーブ系

特徴
リフレッシュや癒やし効果も

ミント、カモミール、ローズマリー、
ヤグルマギク、レモングラス、
レモンバーム

イースターブレンド

スパイス系

特徴
刺激的な香りや味わいは
食欲増進にも
おすすめです

シナモン、ジンジャー、
カルダモン、クローブ、
ペッパー、ナツメグ

クリスマスティー

代表的なフレーバードティー

フレーバードティーの中で、アップル、レモン、アーモンドと聞いただけでどんな香りか想像がつくような単体の香りを「クラシックフレーバー」と呼んでいます。そして、クラシックフレーバーを複数ブレンドし、新しいフレーバーを生み出すことは紅茶会社のブレンダーの仕事です。

日本でも人気のアールグレイティーというフレーバードティーは、クラッシックフレーバー「ベルガモット」の香りを着香したお茶です。このお茶は、19世紀に英国の首相を務めたチャールズ・グレイ伯爵が中国土産として献上されたお茶に、当時の高級素材であったミカン科のベルガモットの果皮をブレンドし、楽しんでいたことが由来になっています。グレイ家を訪れた客人は伯爵夫人にこのブレンドティーでもてなされたそうです。

20世紀に入り、ベルガモットオイルでの着香が可能になると現在のアールグレイティーが誕生し、人気を博していくことになりました。

ベルガモット果実は複数の品種があります。品種によりオイルの香りも少しずつ異なります。1つのオイルで香りづけをするメーカーもあれば、複数の品種のベルガモットオイルをブレンドして着香するメーカーもあります。また、ベルガモットだけでなく、ライムやレモン、グレープフルーツなど複数の柑橘系の香りをミックスして他にない香りを演出するメーカーもあります。

オイルだけでなく、ベースの茶葉のセレクトによっても香りは変化します。もともとさわやかな風味のニルギリにベルガモットの香りを着香すると、より軽やかなアールグレイに。軽いスモークフレーバーを持つキームンに着香すると、柑橘の香りが少しくぐもったアールグレイが誕生します。

最近では、日本でもわずかですがベルガモット果実を栽培する農家も登場してきています。秋が旬の果物ですので、機会があればぜひ天然のアールグレイの香りも味わってみてください。Cha Tea紅茶教室では、毎年ベルガモットの収穫の季節に、ピール作りをします。ベルガモットの果皮を何度も湯こぼしし、渋みをとり、砂糖と一緒に煮込んでいきます。

フレーバードティーの注意点

お手持ちのティーポットの一部にプラスチックが使われている場合は、オイルの香りがプラスチックに付着してしまうため、ノンフレーバーの茶葉とは併用をしないようにしましょう。水出しのボトルなども同様です。

直射日光は避け、常温保存。開封後は1～2ヵ月以内に飲みきりましょう。オイルの酸化を防ぐためです。オイルが酸化してしまうと、油が分離して紅茶の水面に浮いたり、胃もたれの原因になったりもしますので注意しましょう。

開封したら密閉容器に入れましょう。容器に香りがついてしまうので、ノンフレーバーの茶葉と容器の併用は避けてください。

英国ではクリスマスに飲む特別な紅茶クリスマスティーもフレーバードティーの一種。

できあがったピールは、パウンドケーキに入れたり、スコーンに入れたりして楽しんでいます。当店の人気商品の1つです。

フレーバードティーの楽しみ方

フレーバードティーを楽しむ時に考慮したいのは、まず季節感です。春はサクラ、夏はマンゴー、秋はマロン、冬はシナモンなど、季節に適したフレーバードティーは、ティーパーティーなどの演出の1つになることでしょう。

また忘れてはならないのが、フードとのペアリングです。アップルティーとアップルパイといった同じ香りを持つフードとのペアリング、チョコレートケーキやレモンケーキに柑橘系のフレーバーも相性のよいペアリングです。反対にマンゴームースに、ストロベリーのフレーバードティーの組み合わせは、せっかくのマンゴーの香りを台無しにしてしまうため、おすすめできません。フードはフード、紅茶は紅茶ではなく、83ページの「紅茶とフードのペアリング」を参考に、香り合わせも楽しんでください。

そしてぜひチャレンジしていただきたいのが、簡単にできる味変です。

まずはそのままで飲んでみましょう。次にグラニュー糖で甘みをつけてみましょう。甘みが加わることで、香りと紅茶の味が近づき飲みやすさが増します。ミルクを入れてみると、香りがマイルドになります。アイスティーにしてみても、香りはマイルドになります。

またフレーバードティー同士のブレンドもおすすめです。お気に入りのミントフレーバーの茶葉と、ライムフレーバーの茶葉をミックスしてみると……新たな香りの紅茶ができあがります。44ページで紹介している「オリジナルブレンド」の基本を参考に、ぜひとっておきのフレーバードティーを楽しんでみてください。

Lesson 8

オリジナルブレンド

産地別の紅茶を混ぜ合わせて、世界で1つしかないオリジナルブレンドを作ってみましょう。

ブレンドティーとシングルオリジンティー

茶園で製造された茶葉は、鑑定（テイスティング）が行われた後、グレードごとに価格がつけられ、オークション、買いつけへと流通していきます。一般に流通している紅茶商品の多くはブレンド商品です。紅茶は農産物であるために、同じ茶園で生産されたものであっても日によって品質、価格は異なります。そのため異なる品質、価格の紅茶を常に一定の品質、価格で提供するためにブレンドが必要となってくるのです。

紅茶のブレンドは、それぞれの原料茶が持つ短所をお互いにカバーするだけでなく、その紅茶のキャラクターを生かすために重要な作業です。しかしすべての紅茶をブレンドしてしまうのではなく「クオリティーシーズンティー」、「シングルオリジンティー」など、混ぜ合わせなくてもおいしいものは単一で販売されます。生産される茶葉の約95%がブレンド用、約5%がクオリティーシーズンティーです。

「シングルオリジン」とは単一の産地、品種を使うことを意味します。生産地や生産者がはっきりわかり、ブレンドや着香等の加工を行っていない茶葉本来の個性を味わうことができる紅茶を「シングルオリジンティー」と定義します。ワインやコーヒー、チョコレート、カカオの世界では紅茶より早く「シングルオリジン」が認知されていました。最近では、紅茶の世界でもより注目が集まっています。

紅茶のブレンド

紅茶のブレンドで大切なことは、消費地の水質に合わせたブレンドを意識することです。紅茶は、水やお湯で抽出させる飲み物なので、どんな水で抽出を行うのかにより、ブレンドの内容を変化させる必要があるのです。茶栽培のできなかった英国にとっては、ブレンドという方法が生まれる事情があったようです。

紅茶が英国に入ってきたばかりの頃、権力の象徴やステイタスとして紅茶を楽しんでいる時はよかったのですが、紅茶を貿易品として他国に輸出するようになってからは、鮮度をセールスポイントに強調することができませんでした。そこで考えたことは、果物や野菜のようにフレッシュさを売りものにするのではなく、均一的な味や香り、水色を作り出すことでした。個性や長所短所の違う茶葉を混ぜ合わせることにより、お互いを補うブレンドという方法です。ある意味、茶葉の栽培ができなかったからこそ工夫し、生まれた技術かもしれません。

繊細な材料を使いこなし、継続して同じ味を作り続けていくためには、専門家の力が必要になります。その専門家が「テイスター」、「ブレンダー」です。消費者のニーズや産地のあらゆる時期の茶の特性、水の特性などを理解していなければならず、熟練のブレンダーになるには10年以上かかるといわれています。企業側としても、同じ味を継続させることで企業の信頼度を高め、自社にしか出せない味でリピーターをつかむことができるのです。商品化されている紅茶は、それぞれの企業が研究の末に作り出したものであり、ブレンドのプロの技で、いつ飲んでも同じ味、同じおいしさを楽しめる紅茶なのです。

紅茶のブレンドには、同じ産地のもの同士をブレンドすることはもちろん、異なった産地の茶葉をブレンドすることもあります。また茶葉にスパイスやハーブをプラスし、新たな風味も作り出すことも。紅茶の香りや味は、専門のティー・ブレンダーが厳しいチェックをして作り出し、ダージリンやスリランカの紅茶も品質の安定のためにブレンドされて初めて商品となって出荷されるのです。

おすすめのミキシングの比率

7:3
骨格となる紅茶の特徴を生かすミキシング

5:5
どちらの紅茶の特性がより強く出るのか創造性のあるミキシング

6:3:1
隠し味が入ることで味に深みが入るミキシング

家庭でできるブレンド(ミキシング)にチャレンジ

ブレンドは奥深く、専門家による緻密な計算のもと行われる作業。それに対し、家庭で気軽にできるのがミキシングです。ブレンドに対して、消費者や素人が自分自身の好みに合わせて、種類の異なったいくつかの紅茶を混ぜ合わせることをティー・ミキシングと呼びブレンドとは区別して呼んでいます。

紅茶メーカーが提供するブレンド商品は、継続的にその味を維持することが前提となります。自分の好みではなく、多くの人に愛される味を作ることを目指しているため、家庭でするミキシングとはそもそもの目的が異なるのです。

ミキシングには、家庭ならではの楽しみが詰まっています。自分好みをとことん追究してよいのです。市販のカレールーに、スパイスやリンゴやハチミツ、チョコレートなど各家庭の隠し味を入れて家庭のカレーを作る方が多いように、紅茶も自分好みの家庭の味が生まれると楽しいものです。

ミキシングする際は、ミックスする茶葉の長所と短所をつかむことが大切です。それぞれを飲み比べて、「色」、「香り」、「味」を把握することから始めましょう。そして次にどんなブレンドティーを作るのかコンセプトを考えます。例えば「モンブランに合わせたコクのあるミルクティーを作りたい」、「アフタヌーンティーを楽しむための香り豊かな紅茶にしたい」などイメージをふくらませましょう。

コンセプトが決まったら用意した茶葉を実際にミックスしていきます。最初は2種類の茶葉を同量ずつ混ぜるところから始め、バランスを変えたり、味見を繰り返したりしましょう。イメージに一番近い味の紅茶をベースに選び、そこに他の紅茶を加えていきます。茶葉をすぐに混ぜ合わせてしまう前に、抽出した液体を混ぜ合わせて試飲してみるのもよいでしょう。使用したい茶葉の比率が決まったら、1種類ずつ秤で量り、茶葉を缶などに入れて一定の方向にぐるぐると回して混ぜ合わせましょう。

ブレンドティーレシピ

実際におすすめのブレンドティー４種類をご紹介します。紅茶を楽しむ時間に合わせて、オリジナルブレンドでのティータイムを楽しむことにしましょう。

モーニングティー

ウバ７：キャンディ３

朝一番、目覚めの１杯に飲む紅茶をイメージして。さわやかにすっきりと目覚めるために、メンソール系のスーッとした香りのウバをベースに、甘く優しい風味のキャンディをブレンド。心身共に癒やされることでしょう。

イレブンジズティー

ケニア5：マラウィ5

家事や仕事の合間にホッと一息、ティーブレイクを兼ねた11時のお茶の時間をイメージして。マグカップにたっぷりのミルクティーを入れてガブガブと楽しむのにぴったりなアフリカの紅茶、ケニアとマラウィをブレンド。バランスのよい甘さとほどよいコクが楽しめることでしょう。

アフタヌーンティー

ダージリン セカンドフラッシュ5：アッサム5

おいしいスイーツを楽しみながら、優雅な午後のひと時を楽しむための紅茶をイメージして。香り豊かなダージリンセカンドフラッシュと深いコクのあるアッサムのスペシャルなブレンドは、心も豊かにしてくれることでしょう。

ナイトティー

キームン6：ルフナ3：ディンブラ1

1日を終え、就寝前にゆっくりと味わう紅茶をイメージして。翌日に向けてのパワーも養いましょう。スモーキーな香りのキームンと糖蜜のような甘い香りのルフナ、バラの香りに喩えられるディンブラを隠し味にするとちょっぴり大人な雰囲気漂う紅茶に。ほんの少しアルコールを垂らすのもおすすめです。

アンティークプリント収集

ＣｈａＴｅａ紅茶教室では、レッスンや執筆の資料としてアンティークプリントの収集をしています。国内で手に入る資料もあれば、現地に足を運ばないと手に入らないものもあります。１００年前、２００年前の新聞記事、雑誌の広告、古書などから、当時の紅茶文化を抜き出し、教室内でのレクチャーや執筆の基礎としています。

欧米には、紙専門のアンティークショップがあります。本、地図、雑誌、広告などお店ごとに専門分野があるのですが、その店内には何万というプリント画があり、そこからひたすら1枚1枚をチェックし、紅茶、陶磁器、紅茶に関わった王侯貴族などの資料を買いつけていくのです。数時間滞在しても、欲しい資料が1枚も手に入らないこともよくあります。今はインターネットで検索・購入ができるお店も増えてきましたが、それでも地道な作業。様々なキーワードを駆使し、欲しい1枚を入手するのは根気が必要。

例えばアフタヌーンティーの際に登場する3段のケーキスタンドはいつ頃から作られていたのだろう、そんな疑問がわいたとします。もちろん、国内、海外の書籍で専門家の方が「だ

いたいこの時代くらい」と紹介している文章を参考にすることもありますが、その裏づけがどこから来ているのかをさらに掘り下げるのが私たちの仕事。その際に、○年の新聞に掲載されたティータイムのイラストにすでに3段のスタンドが描かれている、○年に掲載された食器屋の広告に3段のスタンドが商品として紹介されているなど、年月日がはっきりしている資料は貴重です。「通説では○年くらいといわれていますが、○年の広告に掲載されているので少なくともその年には商品化されていたようです」など、私たちなりの見解が添えられることは大切です。

コツコツ集めたアンティークプリントは２０００枚以上。すべて紅茶に関わるものです。これらのアンティークプリントは、教室内で活用するだけでなく、美術展やテレビ番組などに資料としてお貸しすることもあります。

2
章

Cha Tea
紅茶教室の
26
レッスン

紅茶の淹れ方

Lesson 9

ホットティーの淹れ方

紅茶本来の味と香りをしっかりと抽出できるように、
おいしい紅茶の淹れ方をマスターしましょう。

紅茶を淹れる道具

ポット

ヤカン

茶こし

砂時計

ティースプーン

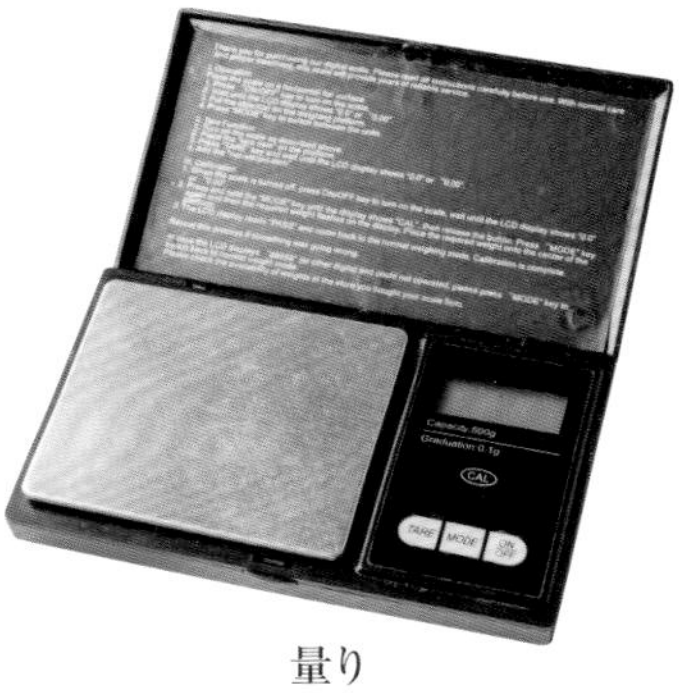

量り

紅茶の淹れ方 ゴールデンルール

1

シチュエーションに合わせて新鮮な茶葉を選びます。合わせるお菓子、その日の体調、一緒に楽しむ相手の好みなども考慮し、茶葉を選びます。紅茶は開封後2ヵ月で風味が失われてしまいます。新鮮な茶葉を使いましょう。

2

新鮮な水を沸かします。紅茶を淹れるのに特別な水は必要ありません。水道水を沸騰させてください。汲み置きの水は避けましょう。5円玉くらいの泡が出たら1分ほど沸騰を維持させ、カルキを飛ばします。

3

使用するポットを温めます。紅茶は高温で抽出することでその成分を引き出せます。使う道具は事前に湯通ししておきます。

4

ポットに人数分の茶葉を入れます。1人分、約3gが目安です。OPサイズなど大ぶりの茶葉はティースプーンで山盛り、BOPサイズなど細かく粉砕された茶葉はティースプーンすり切りが目安ですが、まずは量りで計量してみることをおすすめします。できる限り正確に計量することがおいしさの秘訣です。

5

沸騰した湯を杯数分ポットに注ぎます。茶葉3gに対し、湯170mLを注ぎます。

ジャンピング

熱湯をポットに注ぐと対流運動で茶葉が上下し、茶葉がゆっくりと開き、おいしい成分を引き出します。

6

ポットに蓋をして蒸らします。OPサイズの大きな茶葉は3〜4分、BOPサイズの小さな茶葉は2〜2分半蒸らしましょう。

7

抽出時間を過ぎたら、茶こしを通して、サービス用のティーポットに茶液を移します。茶殻に含まれている茶液も最後まで取り切りましょう。最後の一滴のことをベストドロップと呼びます。もっとも濃い茶液が入ることで全体の味が引き締まります。

8

お気に入りのカップに注ぎ楽しみましょう。産地別紅茶の特徴を覚えるまでは、茶液の色が映えるカップの内側が白いものを選ぶといいでしょう。

茶葉の保管方法

- 直射日光を避け保管しましょう。
- 湿気と匂いは厳禁です。開封したら密閉容器に入れてください。
- 冷蔵庫や冷凍庫での保管は出した時に結露するので、避けましょう。
- 開封後は風味が落ちるため、2ヵ月以内に飲みきりましょう。
  これはフレーバードティーも同様です。

ティーバッグ

ティーバッグは現在、世界で一番流通しているお茶のスタイル。素材、中身の茶葉、淹れ方にこだわれば、リーフティーと変わらないおいしさを味わうことができるとても便利なものです。正しい知識をおさえましょう。

ティーバッグの歴史

ブーケガルニ由来のティーボール

ティーバッグは、計量の手間を省き茶殻の処理を簡単にするという発想から生まれました。19世紀末に英国で発案された、1杯分の茶葉をガーゼに包み、端を集めて上部を紐で縛りボール状にした「ティーボール」または「ティーエッグ」が原型とされています。

1904年 アメリカで商品化

英国で誕生の兆しを見せたティーバッグは、20世紀にアメリカで商品化されました。20世紀初頭、アメリカの茶商トーマス・サリバンは、コストカットのため、顧客に茶の見本を送る際、従来の缶の容器から、絹の袋を使うというアイデアを思いつきます。

勘違いから絹の袋のまま直接ポットに入れた顧客が、抽出が悪い、袋の素材を変えた方がよいのでは？との声を上げたことをヒントに、トーマス・サリバンは1904年、レストランやホテルを対象に、抽出のよいガーゼの袋に複数人分の茶葉をあらかじめ計量して入れた「ティーバッグ」を販売します。

1920年代は、流通している80%のティーバッグは業務用として使用されていました。しかし1950年代になると家庭用が80%と逆転し、アメリカ全体の紅茶消費量の約70%を補うほどになりました。ティーバッグの便利さと機能性が家庭で受け入れられたのです。英国の紅茶会社の大半は、20世紀前半まではアメリカ、オーストラリア、カナダ向けにティーバッグ製造を試みていました。そのノウハウを生かし、第二次世界大戦後は英国国内に向けたティーバッグ製造を展開していきます。現在、英国では96%以上の人々がティーバッグを愛用しています。そのため、スーパーマーケットの商品棚のほとんどがティーバッグの商品となっています。

ティーバッグの進化

形状、素材の変化

ティーバッグが今日のような形になるまでに多くの人々の考案と試作が重ねられました。1930年代、アメリカでろ紙が開発されヒートシールによるシングルバッグが普及します。ドイツではろ紙をW型に織り込んで閉じるダブルバッグの機械が作られました。1980年代に日本で開発、生産されるようになったのが、茶葉がジャンピングしやすいように考えられたテトラ型です。茶葉の香りや成分の抽出が優れています。

さらに紅茶は熱湯を使って淹れるため、茶葉を包む素材はいくつもの条件をクリアすることが必要になります。絹、ガーゼ、紙、不織布、ナイロンなど試行錯誤が繰り返されました。近年では、植物のでんぷんを繊維化して織り上げられたソイロン製が人気です。ソイロンは匂いがないことや、ゴミ処理時に有毒ガスが発生せず、環境問題をクリアしている点も高く評価されています。

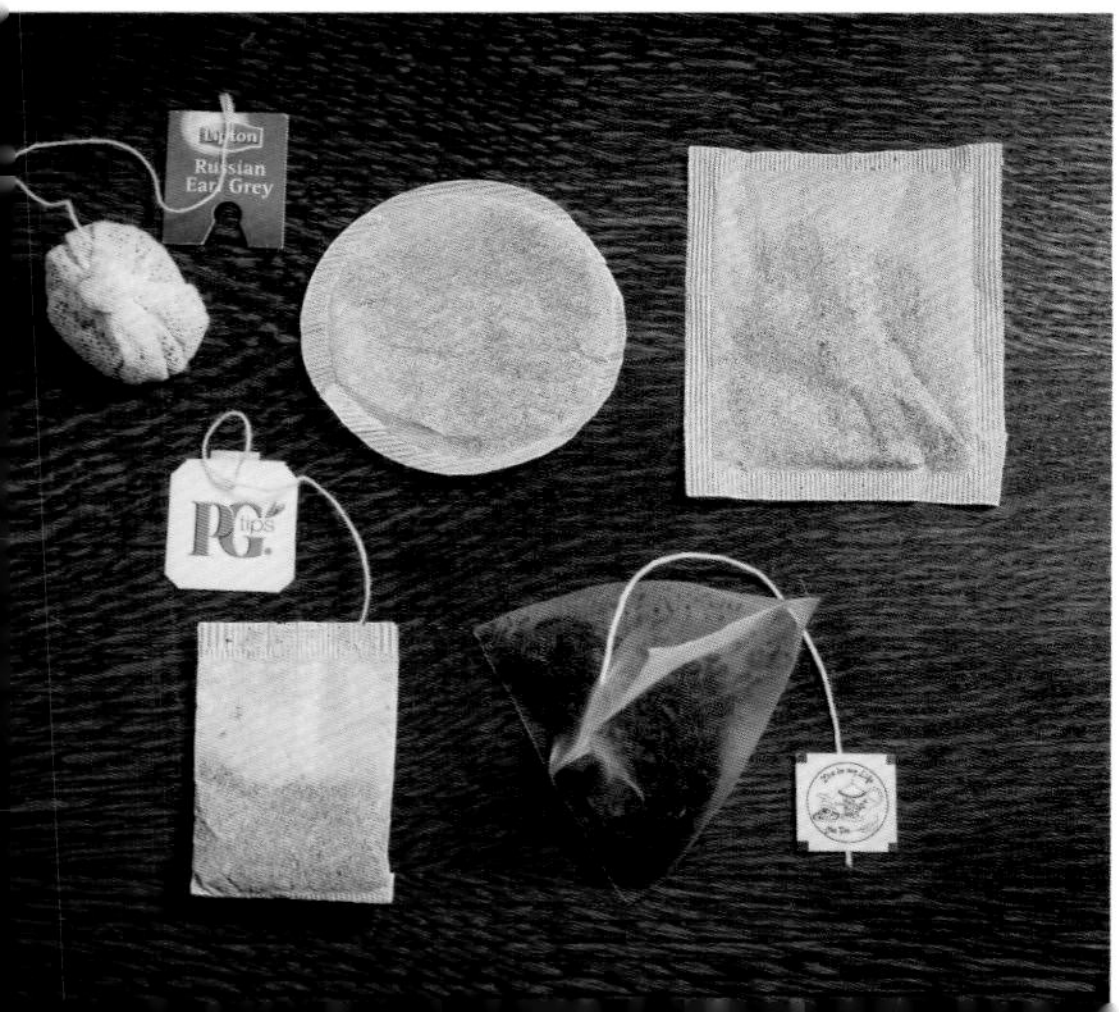

様々な形のティーバッグ。紐なしは硬水の地域用です。

ティーバッグを楽しむ

　ティーバッグはリーフティーに比べ、事前に茶葉が正確に計量されている点、茶葉が袋に包まれているためゴミ処理がしやすい点などが合理的です。

　セレクトの基本はリーフティーと同じです。産地別のティーバッグでしたら、リーフティーと同じように産地の特徴を踏まえて購入品を選ぶとよいでしょう。ブレンドされた茶葉が包まれているティーバッグでしたら、どのようなコンセプトでブレンドされた商品なのか確認してください。アイスティー向き、ミルクティー向き、オールマイティーに楽しめるもの。フレーバードティー、複数杯が楽しめる業務用、様々な商品がありますが、注意したいのが、紐がついていないティーバッグです。紐なしのティーバッグは、茶葉を引き上げる必要のない硬水向けに製造された商品です。そのため、日本の軟水で淹れる際には、ほどよいところでティーバッグを引き上げる必要があります。入れたままだと、2杯目以降は渋くなってしまいますので、お湯で薄めたり、牛乳を入れたりして楽しんでください。

　ティーバッグの保存方法、賞味期限はリーフティーと同じです。開封したら早めに飲みましょう。英国人は紅茶の消費量が多いため、英国で販売されているティーバッグは最低個数が40個入りからが基本。40個、80個、160個、240個、480個入りのほか、大家族用に1000個入りのティーバッグが店頭に並ぶことも。販売されている商品の内容量から、各国の紅茶の消費量も推測できそうですね。自分のスタイルに合わせて、適した容量のティーバッグを購入してみてください。紙やアルミで外袋があるものについては、日持ちがしますので、贈呈用にはそちらがおすすめです。

ティーバッグの淹れ方 ゴールデンルール

1

器を温めます。ティーカップ、マグカップ、ポット、使う器を必ず軽く温めましょう。

2

器にティーバッグを入れ、沸騰したお湯を注ぎます。ティーバッグは1つ1杯分です。

3

蓋をして適切な時間蒸らします。

4

最後の一滴まで抽出できるようそっと取ります。

ポイント

最後の一滴まで

紅茶のおいしい成分がギュッと詰まっているので、大切にしましょう。ふったり、絞ったりはNG。

Lesson 11

アイスティー

アイスティーは冷たい紅茶のこと。ただ見た目に美しいアイスティーを作るのではなく、ホットティーと同じく、それぞれの産地の風味を楽しめる、とっておきの作り方をお伝えします。

アイスティーの始まり

アイスティーは氷が身近なものになった20世紀にアメリカで誕生した、新しい紅茶の楽しみ方です。

1904年の夏、アメリカで開催されたセントルイス万国博覧会で、英国人のリチャード・プレチンデンは紅茶のセールスをしていました。しかしあまりの暑さに、誰も彼の熱い紅茶に見向きもしてくれません。今のようにエアコンはなかったので、どんなに紅茶が体によいとPRされても、飲む気になれなかったのです。会場では、アイスクリームやビールのような冷たいものが売れていました。そこで彼は、温かい紅茶を氷で冷やし「アイスティー」として売ってみました。これが大当たりします。今のようにアイスティー用の淹れ方をしたわけではないため、恐らく味も薄く、色も濁っていたはずですが、冷凍庫が普及していない時代。冷たい紅茶というのがセンセーショナルだったのです。以降、アメリカではアイスティーの商業化が進みます。

アイスティーは禁酒法の時代にさらにシェアを伸ばし、ビールに代わる日常飲料の座を射止めました。アメリカでティーバッグを買うと、必ずアイスティーの作り方が書いてあるほどです。いろいろな食べ物とも合わせやすいため、ティータイムだけではなく食事中の飲み物としても好まれています。アイスティーは戦後の日本にも紹介され、喫茶店の飲み物として定着、1980年代からはペットボトル飲料として普及することとなります。

英国では21世紀に入ってから老舗のトワイニング社がアイスティーの販売を始めたことにより、他のメーカーもアイスティーの商品化を進めました。しかし家庭の中で作られるほど定着はしていません。

クリームダウンを防止しよう

アイスティーを作る時に問題となるのが、紅茶の水色が濁ってしまうことです。茶葉に含まれるタンニンとカフェインは急激に冷やされることで結合し、凝固して白濁する特徴を持っています。飲んでも害はありませんが、アイスティー特有の清涼感は失われてしまいます。この現象をクリームダウンと呼びます。クリームダウンを防ぐためには、タンニンの含有量の少ない高産地の茶葉（ウバ、ディンブラ、ニルギリなど）や中国種系の茶葉（ダージリン、ヌワラエリヤ、キームンなど）を選ぶ必要があります。

また砂糖の力を借りると、タンニンとカフェインの間に砂糖の成分が入ることによりクリームダウンが起こりにくくなります。砂糖が入ることにより、紅茶の水色も鮮やかになります。人間の舌は冷たい飲み物に対し、甘みの感じ方が鈍感になります。そのため、砂糖の量は通常×1・5倍が目安です。また砂糖は癖のないグラニュー糖を使いましょう。

水色がクリアな状態

クリームダウンして濁っている状態

基本のアイスティーの淹れ方（オンザロックス方式）

オンザロックス方式で香り高いアイスティーを淹れてみましょう。オンザロックス方式とは2倍の濃さのホットティーを作り、氷を加えることで元の濃度に戻した紅茶を楽しむ方法です。

材料（2人分）

茶葉……6 g
（タンニンの含有量の少ない茶葉）
熱湯……170mL
氷……130 g

1

抽出用のポットに茶葉を入れ、茶葉に対し半量の170mLの熱湯を注ぎます。湯の量は、急冷するための氷が溶けることを想定し、半量にします。

2

ポットに蓋をして、紅茶を蒸らしましょう。蒸らし時間は、ホットティーより、30秒ほど短くします。タンニンの抽出を控えるためです。茶葉のグレードにより調整しましょう。

3

移し替えるサービス用のポットに、130gの氷を入れます。

4

時間がきたら、紅茶をサーヴィス用のポットに茶葉をこして注ぎます。

5

ベストドロップと呼ばれる最後の10～20mLほどの紅茶をポットの中に残しましょう。茶殻が含む茶液、ポットに残すベストドロップを差し引くと、サーヴィス用のポットに移し替える紅茶は130mLほどになります。

6

温度調整をします。スプーンで氷をかき混ぜ、茶液を急冷します。最初は氷をすべて溶かして仕上げるといいでしょう。
慣れてきたら、茶液の温度を調整してみましょう。香りを出したいならば、15～18℃。すっきり飲みたいならば10℃前後。喉ごしで飲みたいならば5℃前後。氷の量が少なすぎた場合は、氷を足し、調整してください。

7

冷えた紅茶をお気に入りのグラスに注ぎます。まず紅茶の色、香りを楽しみましょう。できればストローを使わず、グラスに直接口をつけ、紅茶の風味を味わってください。

ポイント

紅茶をグラスの中で急冷する場合は、口元まで氷を詰めたグラスに、2倍の濃さに仕上げたホットティーを直接注ぎます。加糖をする場合やアレンジティー製作にはこちらの方法がおすすめです。

Lesson 12

ロイヤルミルクティー

ミルクたっぷりのロイヤルミルクティーは、自宅でも簡単に作ることができます。コツをつかんでおいしいロイヤルミルクティーを淹れてみましょう。

ロイヤルミルクティーとは

ロイヤルミルクティーは英国の伝統的な飲み物と思われがちですが、実は日本発祥の飲み物です。ロイヤルミルクティーという言葉は和製英語で、「王室」を意味する「ロイヤル」を使用することで、高級感あるミルクティーのイメージを持たせるため名づけられました。ロイヤルミルクティーの正確な定義はありませんが、ミルクと紅茶の比率が半々、またはミルクの割合が半分以上であるものを指すことが多いです。ミルクティー自体も和製英語で、英語でミルクを入れた紅茶は「tea with milk（ティー・ウィズ・ミルク）」と表現します。

ロイヤルミルクティーに合う茶葉

ロイヤルミルクティーは使用する茶葉によって違った味わいを楽しめます。コクのある濃厚なロイヤルミルクティーを作るには、ボディーがしっかりとしたインド産のアッサムやスリランカ産のルフナがおすすめです。反対にさわやかな香りのスリランカ産のウバやディンブラを使用すると、後味がすっきりとしたミルクティーを作ることができます。おいしいロイヤルミルクティーを淹れるためには牛乳選びも重要です。ミルクについては、76ページの「紅茶とミルク」のレッスンで学んでいきましょう。

ロイヤルミルクティーの作り方

材料（2人分）

茶葉 ……… 6g
低温殺菌牛乳 ……… 170mL
熱湯 ……… 170mL
グラニュー糖 ……… お好みで

1

茶葉を、小さな器に量り入れ、熱湯（分量外）をかけて蒸らしておきます。牛乳に含まれるカゼイン（タンパク質の一種）は茶葉をコーティングし、茶液の抽出を妨げてしまいます。そのため、あらかじめ茶葉を蒸らしてほぐしておき、茶液が出やすい状態を作るのがポイントです。

2

手鍋に水を入れ、沸騰させます。通常のホットティーを入れるのと同じように、きちんと5円玉くらいの泡が出るまで沸騰させましょう。

3

2に低温殺菌牛乳を足し、沸騰直前まで加熱します。牛乳の沸点はお湯より低いため、牛乳が焦げつかないように注意しましょう。手鍋の縁をかき混ぜながら温めます。

4

手鍋の表面全体に細かい泡が出てきたら火を止め、蒸らしておいた茶葉を茶液ごと入れます。スプーンでひとまぜして、軽く茶液になじませます。

5

手鍋に蓋をして、蒸らします。蒸らし時間は、OPサイズの大きな茶葉は4〜5分、BOPサイズの小さな茶葉は3〜3分半ほどです。ミルク負けしない濃い味に抽出していきましょう。

6

時間が来たら蓋を取り、スプーンでひとまぜしてから、茶こしを使ってカップ、またはティーポットに移し替えます。
残った茶葉が、きちんと開いていればOKです。

7

グラニュー糖などで甘みをつけるとコクが増します。各茶葉と相性のよい砂糖については79ページの「紅茶と砂糖」を参考にしてください。最初は癖のないグラニュー糖を使用するとよいでしょう。

Lesson 13

アレンジティー

アレンジティーも紅茶の楽しみには欠かせません。茶葉、スパイス、ハーブ、砂糖などの知識を生かして、いろいろなアレンジティーを楽しんでみましょう。

アレンジティーの魅力

そのままで飲んでもおいしい紅茶ですが、アレンジを加えることによって紅茶に新しい味を演出することができます。フルーツやスパイス、ハーブ、ミルク、アルコールなどが入ることで新しい味が加算され、普段飲んでいる紅茶そのものの味を大きく変化させることができます。フルーツが入ると贅沢感が増し、お酒が入ると夜にふさわしいイメージに……。加える素材の印象で、紅茶そのもののイメージを一新することもあります。

フルーツは視覚的効果があり、紅茶の味を多様化できることも魅力です。通常の紅茶の茶葉は、飲んでもらって初めておいしさを理解していただけるのですが、アレンジティーは見た目の華やかさから「飲んでみたい」「おいしそう」と飲む前から注目してもらえるメニューにもなります。自宅でのおもてなしの際にも、アレンジティーをお出しすることで期待感も高まります。ウェルカムドリンクやパーティーの際の乾杯用ドリンクとしてもぴったりです。

アレンジティーの注意点

産地別紅茶の特徴を生かす

アレンジティーを作る時は、手間をかける以上、単体の茶葉以上の味、または単体の茶葉からは想像できない新しい味を生むことが必須です。ベースになる紅茶の水色、香り、味、各産地の特徴を生かしたアレンジティーを作ることが大切になります。さっぱり系のアレンジティーにはどの産地のものが向いているのか、フルーツやスパイスとの相性は……。味を想像できる茶葉を使用することが第一条件です。ベースの味がわからずにアレンジをしてしまうことは闇鍋と一緒。とても危険ですし、お客様にお出しするのは失礼になります。

フルーツやスパイス、ハーブなど素材の特徴を知る

茶葉の味を理解するだけでなく、一緒に合わせる副素材の味についても理解度を深めましょう。グレープフルーツとレモンの特徴はどこなのか。酸味はどうか、甘みはどうか。お酒を使用する場合は、アルコール度、香りの強さにも考慮することが必要になります。

個性的な香りを持つスパイスやハーブは好みも分かれるので、素材の特徴を理解し、どれくらいの分量を混ぜれば理想とする香りが出るのかをしっかり吟味しましょう。

用途に合わせた器選びを楽しむ

視覚効果の高いアレンジティーですので、器選びにこだわってみるのも一興です。アレンジティーのイメージに合わせた色、デザインのティーカップを選ぶ、紅茶とシロップ、ジュースなどセパレートした姿を美しく見せるために細長いグラスを使う、香り高いアレンジティーをより感じるために口の広がっているティーカップを使う、アレンジティーの深い味わいを感じてもらうためには薄口のティーカップで楽しんでもらうなど。こうしたこだわりがアレンジティーの魅力をより引き立たせてくれることでしょう。

おすすめのアレンジティー

春夏秋冬の四季をイメージしたアレンジティーを、
ホットティー、アイスティー共に紹介していきます。

Spring

春

花やハーブ、
春の陽気にふさわしい
心躍る
アレンジティーです。

ハーバルティー

HOT

植物が芽吹く春。柑橘のさわやかな香りとミントのコラボレートを楽しみましょう。

材料（2人分）

茶葉（ヌワラエリヤまたはダージリンファースト）……6g
熱湯……340mL
ライム……銀杏切り4枚（飾り用に輪切り2枚）
ペパーミント……2〜3束（2束は飾り用）
氷砂糖……4個（グラニュー糖で代用も可能）

淹れ方

1 ライムを輪切りと1/4にスライスしておく。
2 温めたポットにライム、ペパーミント、茶葉を入れ、熱湯を注いで2分半蒸らす。
3 ティーカップに氷砂糖2個を入れ、2の紅茶を注ぐ。
4 飾り用のライムとペパーミントを浮かべる。

サクラティー

ICE

サクラの花の香りとともにお花見気分を満喫しましょう。

材料（2人分）

茶葉（ヌワラエリヤまたはダージリンファースト、またはニルギリ）……6g
熱湯……170mL
氷……130g
サクラの花の塩漬け……4個（2個は飾り用）
白ワイン……10mL
ガムシロップ……40mL

淹れ方

1 サクラの花の塩漬けは洗って塩抜きしておく。
2 温めたポットに茶葉と1を入れ、熱湯を注いで2分半蒸らす。
3 氷を130g入れた別のポットに2を注ぎアイスティーを作る。
4 グラスにガムシロップと白ワインを注ぎ軽く混ぜる。
5 4に3のアイスティーを注ぎ、飾り用のサクラの花びらを浮かべる。

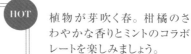

Summer
夏

柑橘系の
果実を活かした
アレンジティーは、
夏の暑さを
吹き飛ばします。

サマーナイトティー

HOT

オレンジとレモンのさわやかさと、クローブの甘い香りが夏の夜を彩ってくれます。

材料（2人分）

茶葉（ディンブラまたはキャンディ）……6g
熱湯……340mL
オレンジ果汁……1個半分
レモン果汁……1個分
ガムシロップ……30mL
飾り用のオレンジスライス……銀杏切り4枚
飾り用のクローブ……適量
ウイスキー……少量

淹れ方

1 オレンジ果汁、レモン果汁、ガムシロップをミルクピッチャーに入れ混ぜておく。
2 飾り用のオレンジスライスにクローブを挿しておく。
3 温めたポットに茶葉を入れ、熱湯を注いで2分半蒸らす。
4 ティーカップに1を30mLと2を入れておく。
5 4に上から静かに3の紅茶を注ぐ。
6 好みに合わせて、ウイスキーを少量入れる。または1をつぎ足しながらいただく。

セパレートティー

ICE

ビタミンCたっぷりのグレープフルーツは夏バテ予防にもピッタリ。美しいセパレートティーで心身共にリフレッシュしましょう。

材料（2人分）

茶葉（キャンディまたはキームン、またはニルギリ）……6g
熱湯……170mL
グラニュー糖……24g
グレープフルーツ果汁……40mL
氷……適量

淹れ方

1 温めたポットに茶葉を入れ、熱湯を注いで2分半蒸らす。
2 別のポットにグラニュー糖を入れ、できたホットティーを注ぎ、よく溶く。
3 グラスいっぱいに氷を入れ、2のホットティーを回し注ぐ。
4 できたアイスティーの上に、グレープフルーツ果汁を注ぐ。
5 よく混ぜてから飲む。

Autumn

秋

秋の夜長に楽しめる
アレンジティー。
ほんの少しアルコールを
足すと紅茶の香りが
引き立ちます。

ココナッツシナモンロイヤルミルクティー

HOT

ココナッツの甘い香りとシナモンのスパイシーな香り、秋の夜長に酔いしれましょう。

材料（2人分）

茶葉（ルフナまたはアッサム、または サバラガムワ）……6g
ココナッツフレーク……ティースプーン2杯（飾り用は別）
シナモンスティック……1/8本
低温殺菌牛乳……340mL
グラニュー糖……8g
バター……0.5g
ブランデー……適量

淹れ方

1 耐熱の容器に茶葉とシナモンを入れ、全体が浸るように熱湯（分量外）をかけて湯がいておく。
2 手鍋にバターを入れ溶かし、ココナッツフレーク、グラニュー糖を入れ茶色くなるまで炒める。
3 2に低温殺菌牛乳を加え、沸騰直前まで加熱したら火を止める。
4 3に1を入れ、蓋をして5分蒸らす。
5 茶こしを使ってポットに注ぐ。
6 ティーカップに注ぎ、シナモンスティック（分量外）を飾る。
7 好みでブランデーを垂らす。

ティースカッシュ

ICE

スパークリングワインのような一杯。パーティーの乾杯のドリンクにぜひ。

材料（作りやすい量）

茶葉（ダージリンセカンド または ダージリンオータムナル、または キームン）……3g
熱湯……170mL
グラニュー糖……250g
炭酸水……適量

淹れ方

1 温めたポットに茶葉を入れ、熱湯を注いで3分蒸らして茶こしでこす。
2 1にグラニュー糖を入れて溶かし、甘い紅茶シロップを作る。
※ このシロップは常温で約1ヵ月保存可能。
3 グラスに冷やした炭酸水を7分目まで注ぐ。
4 3に2の紅茶シロップを8分目まで注ぐ。
※ 先に炭酸を注いでから紅茶シロップを注ぐと混ざりやすくなり、混ぜすぎにより炭酸が抜けるのを防げる。

クリスマスティー

HOT

クリスマスティーをさらにアレンジ。
おもてなしにもおすすめです。

Winter
冬

身体がポカポカになる
アレンジティーは、
寒い冬に
ピッタリです。

材料（2人分）

茶葉（キャンディまたはディンブラ、またはケニア）……6g
熱湯……340mL
A
- 干しブドウ……200g
- シナモンスティック……2本
- クローブ……16本
- レモン果汁……30mL
- オレンジ果汁……120mL
- 赤ワイン……120mL
- グラニュー糖……64g

淹れ方

1 シナモンスティックとクローブは細かく砕きお茶袋に入れておく。
2 手鍋にAの材料をすべて入れて加熱する。アクを取りながら温め沸騰直前で火を止める。
※シロップは冷蔵庫で1週間程度保存可能。
3 温めたポットに茶葉を入れ、熱湯を注いで2分半蒸らす。
4 ティーカップに2を30mL入れ、3の紅茶を上から注ぐ。

キャンブリック

ICE

麻の産地であるフランスのキャンブリック地方をイメージした亜麻色の紅茶を作りましょう。

淹れ方

1 温めたポットに茶葉を入れ、熱湯を注いで3分蒸らす。
2 1が熱いうちにハチミツを入れ溶かしておく。
3 口元まで氷を入れたグラスに2を5分目まで注ぐ。
4 3に低温殺菌牛乳を8分目まで注ぐ。
5 飲む直前に混ぜ合わせると亜麻色の紅茶が完成。

材料（2人分）

茶葉（アッサムまたはルフナ、またはサバラガムワ）……6g
熱湯……170mL
ハチミツ……60g
低温殺菌牛乳……120mL
氷……適量

メディアや展覧会の仕事

紅茶教室の仕事はレッスン、レジュメの準備、書籍の執筆など様々ですが、テレビのバラエティー番組、ドラマの脚本の監修といったメディアの仕事もあります。

初めて依頼をいただいたのは、２００９年のこと。１冊目の本を出版した翌年でした。図書館で教室の本を見て問い合わせをしてくれたそうです。当時流行していた執事喫茶を舞台としたドラマで、イケメン執事さんたちがお客様（お嬢様）にふるまう紅茶について、知識に間違いがないかの台本チェックの依頼でした。

その後、何本か、執事系の映画やドラマの監修の仕事が続きましたが、スタッフが一番喜んだのが、テレビドラマ『相棒』の脚本監修です。犯人役の役者さんが紅茶マニアという設定で、その方のアパートを紅茶マニアの部屋に仕立て上げたいということで、教室からダンボール３箱分くらいの紅茶缶や、ドラマの中のお茶会に使用する茶器も貸し出しました。

人気アイドルグループのメンバーが主演をした連続ドラマの監修では、紅茶のシーンの台詞のチェックや、役者さんたちの所作、テレビに映る紅茶の水色のチェック、タイアップ企画の動画サイトで紅茶の知識を動画配信するための撮影など、仕事内容も多岐にわたりなかなかハードでした。担当したスタッフは紅茶の撮影がある日は、テレビのスタジオだけでなく、時には山奥まで出かけて、その都度立ち会い、なかなか刺激的な仕事だったようです。

私自身が印象に残っているのはBSのミステリーチャンネルのお仕事。アガサ・クリスティーの小説をテーマにした内容だったのですが、英国がお好きな方が視聴者に多かったようで、その後、番組を見た複数の方が教室の扉をたたいてくださいました。

バラエティー番組ではクイズの問題の監修依頼が一番多いです。情報番組では、紅茶の淹れ方をスタジオで実演することも。人見知りなので、こうした仕事はほとんどスタッフ任せですが、メディアを通じて新しい生徒さんとの出会いがあるのは嬉しいことです。

紅茶をテーマにした美術展を開催したいので、協力をして欲しいと企画会社から依頼をいただいたのは2017年のことでした。聞けば紅茶を主軸にした美術展は日本で初とのこと。まず展示内容の企画を立案、そしてイメージに合い、実現可能な会場（美術館）を探すという初めて経験するプロジェクト。興味を持ってくださったのが、神戸ファッション美術館でした。アンティークの衣装を多数収蔵しているファッションミュージアム、ここで開催できるならば、紅茶だけでなくファッションも絡めた内容にしたい。そこで、紅茶の歴史・文化展示とともに、各時代のティータイムを衣装と茶器で再現しようという企画が持ち上がりました。展示のテーマは「アフタヌーンティーのよそほひ」。紅茶が好きな方はもちろん、ファッションに興味のある方にも楽しんでほしい、そんな内容になりました。

お貸しした資料や茶器は400点にのぼり、約1ヵ月半の展覧会には1万人を超す方がいらしてくださいました。公共の場で、教室の教材を披露できたこと、全国の紅茶ファンと繋がれたことはとても嬉しい体験でした。

3章

Cha Tea
紅茶教室の
26
レッスン

紅茶のペアリング

Lesson 14

紅茶とハーブ

紅茶とハーブを合わせることで新たな風味が生まれます。紅茶と相性のよいハーブの特徴をおさえていきましょう。

ハーブの歴史

古代より薬として使われ、心と体を癒す効果が知られていたハーブ。ラテン語で「草」を意味する「Herba（ヘルバ）」が語源といわれています。「薬用・または芳香性の高い植物の総称」で、薬草や食事に使われ、人々の生活の役に立つ有用植物すべてが「ハーブ」だといえます。食用の世界では、「香辛料」とも呼ばれ、この中で茎、葉、花を利用するものを「ハーブ」、それ以外の部位を利用するものを「スパイス」と定義しています。

西洋では古くからハーブの利用が盛んで、紀元前1700年頃の古代エジプトの『エーベルス・パピルス』という書物にアロエなど約700種類のハーブが日常生活で使われてきたという記録があります。食品調味料や薬品、化粧品として、時には宗教的な儀式にも使用されてきました。中世には修道院などで病気の治療用として栽培されました。ルネサンス期に入ると印刷技術の発展などから、ハーブの簡単な処方箋が出回るようになり、家庭の中でハーブの育成も推奨され、少しずつ生活にハーブが溶け込んでいきました。19世紀、紅茶が普及してからは紅茶とハーブをブレンドして、その薬効や香りを楽しむようにもなります。

20世紀に入ると薬としての地位は化学薬品に取って代わられましたが、自然由来のハーブは健康保持、リラクゼーションできる茶外茶として、日常に溶け込んでいます。

紅茶と相性のよいハーブ

レモングラス

レモングラスにはシトラールと呼ばれる、レモンと同じ香りの成分が含まれています。この香りには、人の脳を刺激する作用があり、疲れた時や元気がない時に気持ちをリフレッシュさせてくれます。鎮静効果、疲労回復、不安解消、胃腸の調子を整える、抗菌・殺菌作用、解熱、血流促進効果、消化促進、食欲増進、喉の痛みに効くといわれています。紅茶とブレンドするとレモンティーのような風味が楽しめます。

ペパーミント

ミントの種類は100種類以上あります。その中でも、私たちに身近な種類は30種類程度。なかでもペパーミントは代表的なミントの1つです。清涼感のあるさわやかな香りが特徴で、気分をリフレッシュさせてくれます。抗菌、殺菌、抗ウィルス、消臭、鎮痛、消化器系の不調改善などに効果があるといわれています。花粉症や風邪による鼻づまり解消や鼻炎にもおすすめです。

セージ

長寿のハーブとして古代ギリシャ・ローマ時代から薬用に用いられてきました。すっきりした香りとやや苦みのある味が特徴です。英国では、お茶が輸入される前にセージティーが飲まれていました。殺菌効果、口内炎予防、消化促進、月経痛の緩和、更年期障害など様々な効果があるといわれています。セージには五感を活性化させる効能があり、血液循環が促され強壮効果があるともいわれています。

カモミール

カモミールは「大地のリンゴ」とも呼ばれ、青リンゴのような甘くさわやかな香りにはリラックス効果があります。鎮静、解熱、疲労回復、不眠症改善などに効くといわれています。花粉症やアレルギーを抑える効果、胃腸の調子を整える効果もあります。ジャーマンカモミールとローマンカモミールの2つが代表的ですが、紅茶と合わせるには甘みのあるジャーマンカモミールがおすすめです。

ローズ

レモンの50倍ともいわれるビタミンCをはじめA、B、Eなどのビタミン類が豊富です。美白、肌荒れ予防効果、女性のホルモンバランスを整える作用などもあるとされ、女性のアンチエイジングにとても最適なハーブです。華やかで優雅な香りは、気分を高揚させ神経の緊張やストレスも和らげてくれます。

ローズマリー

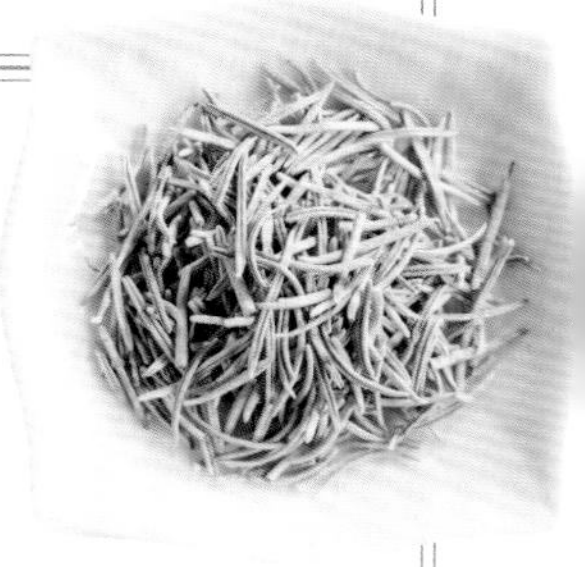

集中力・記憶力を高めるハーブとしてよく知られています。他にも抗菌作用、血行促進、消化促進が期待できます。細胞の老化を防止する抗酸化作用があることから、「若返りのハーブ」とも呼ばれ入浴剤、化粧水の素材としても用いられます。さわやかで清涼感のある風味が特徴で、気分もリフレッシュさせてくれます。

エルダーフラワー

英国では、庭で栽培し自家製のシロップを作る人もいるほど人気のハーブ。腎臓の働きを強化し、身体の毒素の排出を促してくれるため、むくみ予防にも有効です。発汗作用による解熱効果、呼吸器系の炎症を抑える効果などがあるといわれているため、風邪やインフルエンザ、花粉症にもおすすめです。マスカットのような甘くさわやかな香りにはリラックス効果も。

ラベンダー

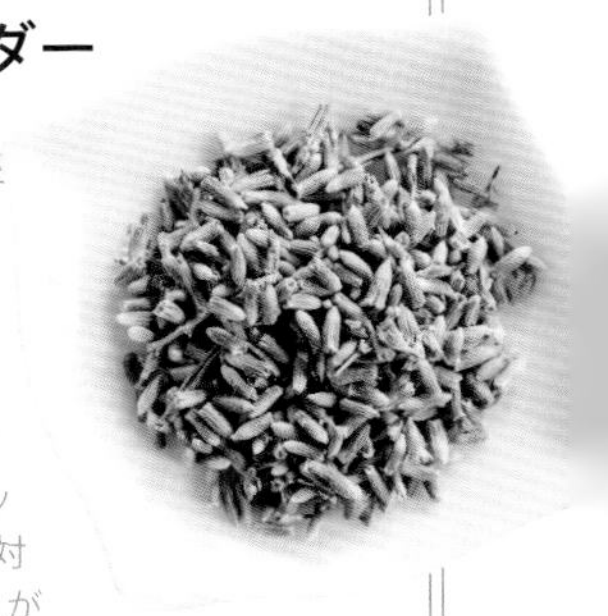

リラックス効果が高く、イライラを鎮め、不眠や頭痛、胃腸トラブルの緩和にも優れています。さわやかな香りには、リラックス効果が高く、脳波に対してα波を増加させる働きがあるといわれています。鎮痛、抗菌、抗感染症、細胞促進など様々な効果があり、古代ローマ時代から愛されてきたハーブの1つです。

紅茶とハーブを楽しむ

個性の強いハーブは、好みも分かれるところです。しかし、飲みづらいハーブも、普段飲み慣れている紅茶とブレンドすることで飲みやすくなります。またハーブには、紅茶にない独特の色が出るものもあるので（ハイビスカス、マローブルー、バタフライピーなど）、アレンジティーに使用し、色、香りを付加することで、より効果的な演出もできます。ミルクティーに合う茶葉となら、ミルクティーとして楽しむことも可能になります。

ブレンドする際は、そのハーブがフレッシュハーブなのか、ドライハーブなのかを考慮し、入れる量を変えましょう。フレッシュハーブは、約80％が水分なので、香りが柔らかいのが特徴です。ドライハーブは少量でも香りがかなり強く出ることがあります。定期的に同じ味を楽しみたい時は、通年購入することができ、効能が強いドライハーブがおすすめですが、食卓の演出に使用する時は、フレッシュハーブの方が贅沢感がありお客様にも喜ばれることでしょう。

ハーブの効能により、紫外線が気になるなら美肌ブレンド（ペパーミントとローズマリー）や、胃が疲れているなら胃腸を整えるブレンド（カモミールとレモングラス）などと考えていきましょう。もちろん、効能だけでなく味を重視してブレンドするのも大切です。

Cha Tea紅茶教室では、英国菓子と相性のよいハーブやスパイスをブレンドし、店舗のオリジナルブレンドとしています。ベースはスリランカ産のキャンディ、癖がなくアイスティー、ミルクティーとしても楽しめる茶葉です。そこにさわやかなレモングラス、オレンジピール、ジンジャーを加えています。またイースターの時期には、すっきり軽やかなインド産のニルギリに、イースターカラーのカモミール、さわやかなレモングラス、そしてミントをほんの少しブレンドしたオリジナルのイースターブレンドをご提案しています。

Lesson 15

紅茶とスパイス

紅茶にスパイスをブレンドすることにより、新たなアクセントを加えることができます。紅茶と相性のよいスパイスを紹介します。

スパイスの歴史

香辛料とは植物体の一部で、植物の果実、果皮、花、蕾、樹皮、茎、葉、種子、根、地下茎などであって、特有の香り、辛味、色調を有し、飲食物に香り付け、消臭、調味、着色等の目的で使用し、風味や美観をそえるものの総称であり、スパイスとハーブに大別されます。スパイスとは香辛料のうち、利用部位として茎と葉と花を除くものの総称です。（全日本スパイス協会）

何千年も前からスパイスは人々の生活に欠かせないものでした。古代エジプトではミイラを作る時に防腐剤としてスパイスを使用していたことが知られています。シルクロードが発達すると、東西の交易が盛んになり、スパイスはアジアの原産国から広く西洋諸国に紹介されていきます。西洋では、スパイスが珍重され、金同様の価値を持つようになります。スパイスの持つ強い殺菌力が食材の保存に欠かせなかったこと、香りがペストなどの病魔を防ぐと信じられていたことなどから、貴重な薬として崇められ、スパイスがもたらす異国の香りは、人々を魅了し、見果てぬ東洋に憧れを抱かせました。

そしてスパイスを求め、ポルトガル、スペイン、オランダなどがスパイス貿易の航路を開拓しようと、原産国を独占すべく争奪戦争が繰り広げられることとなります。こうした海を征す大航海時代の幕開けにより、「お茶・コーヒー・カカオ」も西洋に伝えられます。東洋からの貴重な産物としてステイタスシンボルとなったお茶とスパイスを供することは、究極の贅沢として特権階級の人々を魅了していきました。

紅茶と相性のよいスパイス

シナモン・カシア

私たちが通常使用しているシナモンには、「カシア」（右）と「シナモン」（左）の２種類があります。「カシア」は中国、ベトナムを中心に、「シナモン」はスリランカ、インドで栽培されています。一般に「カシア」は辛み、「シナモン」は甘みが強いのが特徴で、甘みを引きたてるのに欠かせないスパイスとしてスイーツにもよく使用されます。消化促進作用、抗菌作用、殺菌作用、発汗、解熱、鎮痛、健胃、血行改善、むくみなどに効果があるといわれています。

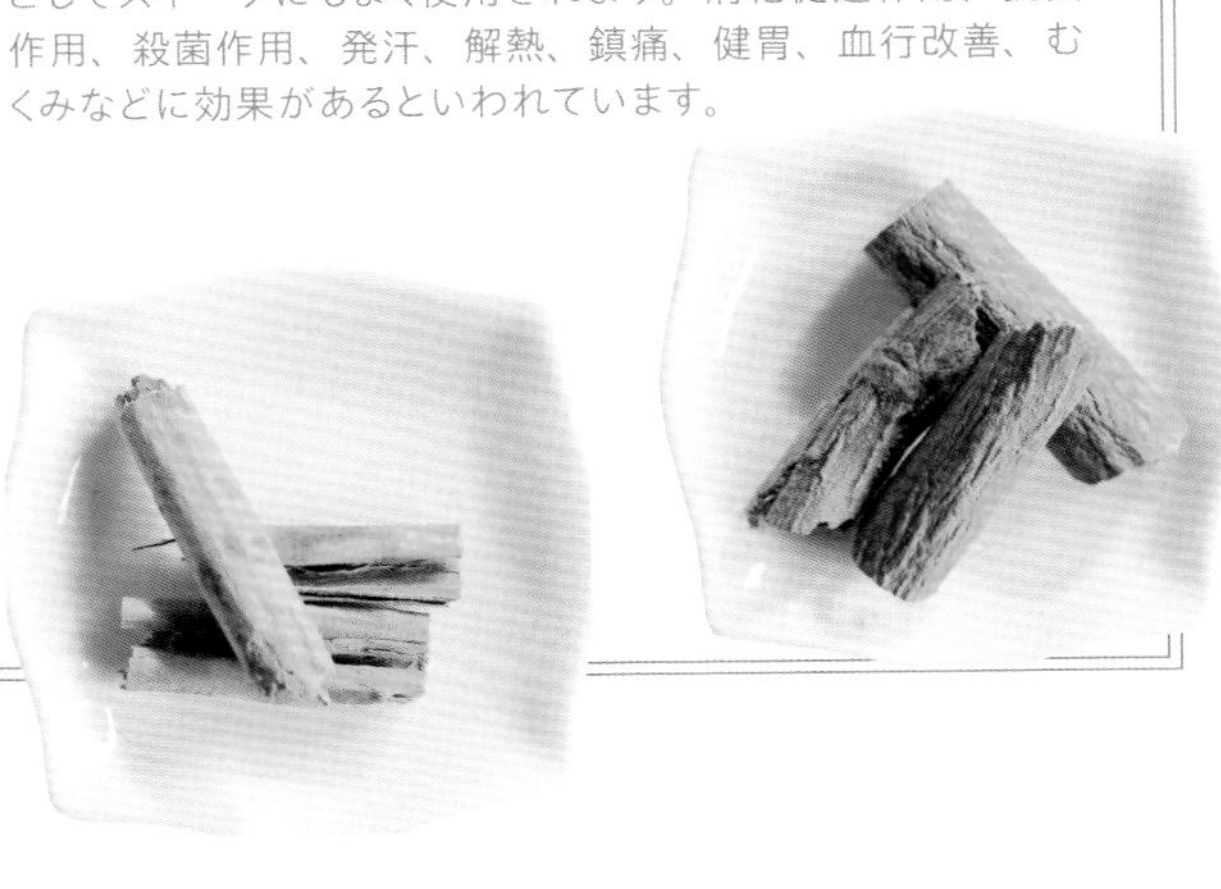

カルダモン

スパイスの女王ともいわれ、とてもさわやかな香りが特徴です。口臭消しとしても人気で、スカンジナビア半島ではお酒を飲んだ後の臭い消しに使われています。夏バテ防止に効くことから、暑い国で広く用いられています。消化促進、整腸作用、口臭予防、健胃、去痰、発汗、食欲不振、胃痛の改善、リラックス効果、疲労回復、体温を下げる働きなどの効果があるといわれています。

ジンジャー

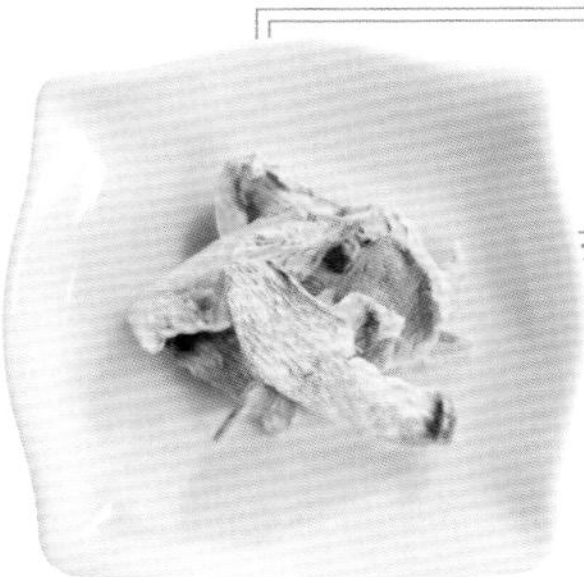

今から3000年前にはすでに栽培され薬用として利用されていた、人々の生活に欠かせないスパイス。英国では、エリザベス1世の時代に流行し、女王は「ジンジャーブレッド」やエールに漬け込んだ「ジンジャーエール」がお好きだったようです。さわやかな風味、刺激のある味わいが特徴。発汗、健胃、止嘔、消化促進、血行促進、鎮痙、殺菌に優れています。

ナツメグ

日本でもハンバーグなどの肉料理の匂い消しとしてよく使われるなじみのあるスパイス。高木の上になり、鳥を酔わして落としてしまうといわれるほどのさわやかな強い香りがします。口臭予防、整腸作用、消化促進、食欲増進、発汗、鎮静作用などが期待できます。

クローブ

クローブは花が咲く前のつぼみを収穫し、乾燥させたものです。香りの強さから病をもはねのけると16～17世紀に流行したペストの予防薬として使われました。独特の強い渋みと甘い香りが特徴です。鎮痛効果、抗菌効果、消毒、鎮静、抗酸化、血行促進、消化機能の促進、体を温める作用、健胃、整腸、老化防止などの効果があるといわれています。

スターアニス

中国では八角と呼ばれており、中華料理では定番のスパイスです。スパイシーな香りと独特の甘みが特徴で、健胃、鎮痛、強壮作用、冷え性改善などの効果が期待できます。

ペッパー

世界中でもっともよく使われているスパイス。さわやかな香りとほどよい辛みが、ジャンルを選ばず様々な料理の風味づけに用いられています。食欲促進、利尿作用、血液循環、新陳代謝の活性などに効果があるといわれています。

紅茶とスパイスを楽しむ〜マサラ〜

スパイスの様々な香りや効能を利用して、オリジナルのスパイスティーを楽しんでみましょう。スパイスを混ぜ合わせて使用することを、スパイスの原産国インドでは「マサラ」と表現します。単品で味や香りのアクセントとして使用してもおいしいのですが、何種類かを混ぜ合わせると風味が柔らかくなり、相乗効果でよりおいしさが感じられます。ミックスするスパイスは、2〜3種類程度からチャレンジしてみるのがよいでしょう。甘くしたい時はシナモンをメインにクローブとマサラ、すっきり清涼感のある風味にしたい時は、カルダモンを多めにジンジャー、ナツメグのマサラなど好みによって工夫してみましょう。またパウダー状のスパイスは、簡単に混ざるので便利ですが、入れすぎると水色が濁ったり、抽出時に溶け切らず飲んだ時に違和感を覚えたりすることもあるので注意が必要です。

マサラチャイ

カルダモンをメインとしたさっぱり系、シナモンなどを使う深い味わいのコクあり系の2種類をご紹介します。

材料（4人分）

ルフナ……12g
低温殺菌牛乳……340mL
熱湯……340mL
グラニュー糖……16g

スパイス

[さっぱり系]
カルダモン……6粒
ジンジャー……2枚
ナツメグ……ひとつまみ

[コクあり系]
シナモン……2本
クローブ……4粒
カルダモン……2粒

淹れ方

1 手鍋に水を入れ、沸騰させます。
2 沸騰したら1に茶葉とスパイスを入れ煮出します。
3 2に低温殺菌牛乳を加え、弱火にかけ全体をかき混ぜ、泡が出てきたら火を止めます。
4 温めたポットにグラニュー糖を加え、手鍋から茶こしを使ってポットに注ぎます。

Lesson 16

紅茶と水

紅茶は、茶葉を水で抽出させる飲み物です。そのため、水の性質により大きく味が変化します。水が紅茶の風味にどのような影響を与えるのかみていきましょう。

紅茶と水の関係

英国では水の性質により紅茶の味が変化することが、18世紀頃より認知されていました。王侯貴族は、御用達のお茶専門店に、自らの領地の水に合う紅茶をブレンドさせたりすることもありました。

　水質を意識して大衆向けのブレンド商品を初めて製造したのはリプトン紅茶会社だといわれています。リプトン社は英国の各地、そして海外にたくさんの支店を所持していました。リプトン社では、店長会議の際には、各支店の店長にその地域の水をワイン樽に入れて持参させる習慣がありました。ティーテイスターは、それぞれの支店の水の状態を把握し、その水でおいしいと感じてもらえるブレンドティーを提案しました。「あなたの町のためのリプトンティー」は大衆に支持されました。

　現在でもそれぞれの国の水に合わせてブレンドされています。そのため、海外で購入した紅茶を水質の異なる日本で淹れると、現地で淹れるのと味が違う、聞いていたほどおいしくない……。と感じてしまうこともあります。

　紅茶を買いつけする際も、現産地と日本では水質が違うため、産地から「オークションのサンプル」を取り寄せ、消費地の水でテイスティングをしてセレクトをすることが基本となっています。それほど水が紅茶に与える影響は大きいのです。

水の硬度

軟水と硬水

紅茶の風味を変化させる大きな要素として、水の硬度があげられます。硬水か軟水かを決める硬度とは、水の中に含まれるカルシウムとマグネシウムの合計量を数値化したもので、この数値が高いものを硬水、低いものを軟水と呼びます。

　水は非常に物質を溶かしやすい液体です。地中にしみ込んだ雨水が地層中のミネラルをどれだけ吸い取っているかで硬度が変わってきます。日本は国土が狭く地層に浸透する時間が短いため、日本の水のほとんどが軟水となります。西洋諸国の大陸では地層に接する時間が長いため、硬水が多くなります。

　日本では、100mg／L未満を軟水、100〜300mg／L未満を中硬水、300mg／L以上を硬水と分類していますが、WHO（世界保健機関）の基準では、硬度が0〜60mg／L未満を軟水、60〜120mg／L

日本の一般的な水の分類

mg/L

軟水	硬度 100 未満
中硬水	硬度 100 ～ 299
硬水	硬度 300 以上

WHO の基準による水の分類

mg/L

soft（軟水）	硬度 0 ～ 60 未満
medium hard（中硬水）	硬度 60 ～ 120 未満
hard（硬水）	硬度 120 ～ 180 未満
very hard（超硬水）	硬度 180 以上

水の硬度によって水色も変わります。左から超軟水、軟水、中硬水、硬水、超硬水。

ボトルに入った水を購入する際は、成分表示で硬度を確認してみましょう。

未満を中硬水、120~180㎎/L未満を硬水、180㎎/L以上を超硬水と分類しています。日本の水道水は、サンゴ礁に囲まれた沖縄では硬度200㎎/L前後の硬水ですが、他はほとんどが軟水です。

紅茶の国と呼ばれる英国ロンドンの水の硬度は250~300㎎/Lくらいで硬水です。ロンドンより北上するにしたがって次第に軟らかくなり、スコットランドの水質は日本に近づいた100㎎/L前後となっています。そのため、英国人は、スコットランドの水質を「軟水」と表現しています。

硬度別の紅茶の味わいの違い

同じ茶葉を使って紅茶を淹れても、硬度が異なる水を使用すると、味わいも水色も大きく異なる紅茶が仕上がります。軟水で紅茶を淹れると、水色は明るくなり、渋みと香りは強くなります。一方、硬水で淹れると水色は黒っぽい色になり、香りは弱くなりますが、コクは出ます。

そのため、英国では同じ紅茶ブランドからハードウォーター用、ソフトウォーター用など、地域に合わせた複数のブレンドティーが提供されています。

また時には、水の硬度を軟化させる専用のフィルターを使用して、希望する硬度に近い水質を自宅で実現させることもあるようです。ヤカンの中にフィルターを入れてお湯を沸かすと、マグネシウムやカルシウムがフィルターに付着し、お湯が軟水化するという用具は、繊細な風味を持つストレート向きのダージリンティー消費が多いドイツの紅茶専門店の店頭ではよく見かけます。

紅茶とミルク

おいしいミルクティーを楽しむためにかかせないパートナーである牛乳。実は選ぶ牛乳によって紅茶の味わいが変わってくるのです。「よりおいしく」を求めて牛乳を追求してみましょう。

英国人とミルクティー

ミルクティーの始まり

英国人はミルクティーが大好きです。国民の95%がミルクティー派といわれていて、紅茶を注文すると自動的に牛乳が添えられてきます。テイクアウトの紅茶には、時として渡された時点ですでに牛乳が入っていることも。

そんな英国ですが、実はミルクティーの文化はフランスに影響されたものといわれています。フランスでミルクティーが飲まれていたことを示す最初の記録は1680年頃に書かれた、フランス女流作家セヴィニエ夫人の手紙です。セヴィニエ夫人は手紙の中で、フランスの詩人の妻サブリエール夫人が、冷めたミルクを温かくするために熱い紅茶を入れたと伝えています。また、サブリエール夫人が娘にお茶にミルクと砂糖を入れることをすすめたとも記しています。セヴィニエ夫人の手紙は、書籍として日本語にも翻訳されていますので、興味がある方はぜひ読んでみてください。

当時の英国はフランスの宮廷文化の影響を強く受けていたため、ミルクティーの習慣も英国に伝わり、貴重品であった茶液をミルクで薄めて飲む、そんなスタイルが定着しました。

それに対し、日本のミルクティーの歴史はとても短いものです。日本で紅茶と牛乳が一般販売されたのは明治時代になってから。牛乳を飲む習慣のなかった日本では、抵抗感を持つ人も多かったそうですが、近年缶入り紅茶飲料のミルクティー人気から、家庭でもミルクティーを飲む人が増えましたが、特別なこだわりを持っている人は少ないように思います。

まずはミルクティーに欠かせない「牛乳」について学びましょう。

牛乳とは

牛乳は生乳と呼ばれる「牛」の乳が原料で、生乳には子牛が独り立ちするまでを支える栄養がたっぷり含まれています。しかしそれは細菌にとっても繁殖しやすい環境ということ。そのため生乳には、総菌数1mLあたり400万以下という基準が定められています。基準をクリアした生乳は、その後、総菌数が5万以下になるように殺菌されます。

牛乳の殺菌方法

現在牛乳の殺菌方法は、大きく4つの方法があります。日本でもっとも多く採用されているのは超高温瞬間殺菌法（UHT）です。

牛乳の殺菌方法

殺菌方法	特徴
低温保持殺菌法（LTLT）	低温殺菌で、63～65℃・30分の殺菌を行います。
高温保持殺菌法（HTLT）	75℃以上・15分以上で殺菌を行います。
高温短時間殺菌法（HTST）	72℃以上・15秒以上の殺菌。世界的に一般的な方法です。72℃15秒が主流ですが、80～85℃・10～15秒の殺菌方法もあります。
超高温瞬間殺菌法（UHT）	日本で一般的な方法です。120～130℃・2秒の殺菌をします。150℃・1秒の殺菌もみられます。

高温殺菌牛乳

高温殺菌牛乳は正確には超高温滅菌牛乳といいます。UHTという方法で、日本の牛乳は95%がこの方法で殺菌されています。これは生乳に150気圧の高圧をかけて、120℃ないし130℃で2秒間加熱し、細菌を完全に死滅させる方法です。滅菌効果は99．9999％以上です。

UHT製法は英国によるアジアの植民地化時代、暑さが厳しく冷蔵庫の普及が進んでいないアジアで、牛乳の腐敗予防を目的に開発されました。UHT乳は、ピークの超高温に達する前の段階の85℃前後で数分間予備加熱されます。牛乳タンパク質の一種で熱に弱いホエータンパク質が消え、カルシウム、ビタミンは体内に吸収されにくくなるなどの熱変性が生じます。また、沸点以上の熱が加わることで独特のこげ臭（クッキングフレーバー）がたちます。生乳には本来ない香り、コクはUHT乳の特徴です。

欧米諸国では、UHT製法の牛乳は、生乳本来の風味が失われていることから、主に加熱調理用や、保存用で、販売時には滅菌パックに無菌充填され、6ヵ月から1年の賞味期限で常温陳列されます。そして日持ちすることから、「ロングライフミルク」の名称で親しまれています。

日本のUHT製法の牛乳は、欧米と同じ滅菌方法を使用していますが、滅菌パックではなく、日持ちも2週間程度、冷蔵商品として扱われます。海外の専門家は、日本特有のUHT乳を「J-UHT（J＝Japan）」と呼んで区別しています。

牛乳を購入する際は殺菌温度をチェックしましょう。

低温殺菌牛乳

英国で飲用として消費される牛乳は低温殺菌牛乳です。63〜65℃で30分加熱する「低温保持殺菌法」と、72℃で15秒間加熱する「高温短時間殺菌法」の2つの処理法をあみだしたフランスの細菌学者ルイ・パスツールの名にちなみ、パスチャライズ牛乳と呼ばれています。

生乳は加熱することで熱変性を起こします。牛乳のタンパク質のうち、カゼインは熱による変性が起きにくいのですが、ホエータンパク質は75℃前後で変性が始まります。低温殺菌は熱による変性がないため、生乳の風味がほとんど変化せず、においが少なく、カルシウム、ビタミンなども変質せず、体内に吸収されます。味わいとしては、牛乳本来の甘みが楽しめ、さらりとした飲み口のため、紅茶と合わせた時に、紅茶本来の香りや味を損ねずに味わうことができます。日本でも複数のメーカーが、低温殺菌牛乳を製造していますので、ぜひ英国人のように低温殺菌牛乳でミルクティーを楽しんでみてください。

ミルクが先、紅茶が後のMIF（Milk in First）。

紅茶が先、ミルクが後のMIA（Milk in After）。

ミルクが先か後か

ミルクの入れ方で階級がわかる？ あなたはMIF派？MIA派

英国では、100年以上も前から紅茶に牛乳を入れる時に、「牛乳を先に入れるべきだ、いやいや紅茶が先だ」と熱い論争がされていました。牛乳が先だと「MIF（Milk in First）」、紅茶が先だと「MIA（Milk in After）」と呼んでいます。

ちなみに上流階級の人は「MIA」、労働者階級の人は「MIF」が多いそうです。映画などを見る時、注目してみると面白いですよ。

その理由は諸説論じられています。上流階級では、初期の頃から茶文化に親しんでいたため、当時とても高価だったお茶の色や香り、味をまず楽しみ、そのあとに牛乳を入れたからというもの。総手描きの美しいティーカップは時としてカップの内側にも絵つけがあるため、紅茶を注いだ際のカップの美しさを愛でるため……。ティーカップに添える美しい純銀のティースプーンの出番を増やすために、牛乳は後に入れるという意見もあります。

反対に労働者階級は、貫入（釉薬のひび）が入りやすい陶器のカップを使うことが多いため、それを保護するために、牛乳を先に入れる、牛乳を先に入れた方がカップに茶渋がつきにくくなるなど、MIF派は利便性を重視した理由が特徴です。

21世紀に入り、飲み物が多様化すると若い人たちの紅茶離れが問題になりました。国の財産としての紅茶文化を若者にも見直してもらおうと2003年6月、英国の王立化学協会は「完璧な紅茶の淹れ方」を発表。そこには「カップに先に牛乳を入れてから紅茶を注ぐのがおいしいミルクティーのコツ」と書かれていました。この発表後、英国では、改めて牛乳が先か後かの論争が加熱します。しかし最近では、階級を超えMIF派よりもMIA派の方が増えているとか。これはティーバッグの普及と、マグカップで紅茶を淹れる人が多くなってきたからです。実は牛乳を入れる順番で紅茶の風味にも繊細な違いが出ます。自分のお気に入りの牛乳の入れ方を探索するのも楽しい作業でしょう。

英国流　完璧な紅茶の淹れ方

英国王立化学協会『一杯の完璧な紅茶の淹れ方』2003年6月発表

材料

缶入りのアッサム紅茶
軟水
新鮮な冷たい牛乳
白砂糖

調理器具

ヤカン
磁器製紅茶ポット
大きな磁器製マグカップ
ティースプーン
電子レンジ

淹れ方

1 ヤカンに新鮮な軟水を注いで火にかける。時間、水、火力を無駄にしないように適量だけを火にかける。

2 湯を沸かしながら同時進行で、ポットに水1/4カップを入れ、電子レンジ600Wで1分温める。

3 カップ1杯あたりティースプーン1杯の茶葉をポットに入れる。ヤカンで沸かした湯を茶葉の上に注ぎかき混ぜる。3分間蒸らす。

4 理想的な器は磁器製マグカップか、あなたのお気に入りのマグカップである。牛乳をそのカップに注ぎ、続けて紅茶を注ぎ、豊かでおいしそうな色合いの完成を目指す。

5 味わいのために砂糖を加える。熱すぎる紅茶を飲もうとすることで起こりうる下品な飲み方（※昔の時代のお茶を受け皿に移したり、すすったりする文化をさす）を避けるため、60～65℃で飲む。

6 変性タンパクを含むUHT牛乳ではなく、冷えた新鮮な牛乳（低温殺菌牛乳）を加える。さもないと味が悪くなる。

7 牛乳は紅茶の前に注がれるべきである。なぜなら75℃になると牛乳タンパクの変性（変質）が生じるからだ。もし牛乳が熱い紅茶に注がれると、牛乳は紅茶の温度により高温となり、変性してしまう。逆に紅茶が冷たい牛乳に注がれれば、牛乳が高温にはなりにくい。

8 牛乳と紅茶が完全に混ざれば、ポリエチレンのカップが使われていない限り、液体の温度は75℃を下回るはずである。

Lesson 18

紅茶と砂糖

最近では、紅茶に砂糖を入れることは、あまりないという方も増えていますが、紅茶と一緒に甘いお菓子を楽しむことはあるのではないでしょうか？ 紅茶と同じく砂糖にも様々な種類、味があります。砂糖の特徴を学ぶことは、紅茶とお菓子のペアリングにも役立ちます。

紅茶と砂糖の歴史

11世紀後半、英国への伝来

今でこそ世界中に普及している砂糖ですが、原産はニューギニア周辺の島々、そして精糖の技術はインドで発展したため、西洋に砂糖が伝来したのは、11世紀後半、十字軍の遠征によってでした。

砂糖の原材料サトウキビは寒冷な西洋では育成できませんでした。そのため輸入品に頼らざるを得ない砂糖はとても高価で、「白い金」として珍重されました。王侯貴族たちは、高価な砂糖をパーティーのクライマックスにふさわしい品だと考え、砂糖を使い彫刻や飾り物を作らせました。ディナータイムの締めとして客人の前に披露される砂糖の彫像は、羨望の対象でした。砂糖職人が高い技術で製作した砂糖の宮殿、庭園、動物など、大型彫刻は、現在も西洋の博物館で大切に保管されています。

10周年の際に生徒さんが手作りしてくれた、サロンの形を象ったシュガークラフト。

17世紀後半、茶会のステイタスシンボルに

高価だった砂糖は、同じように高価だったお茶とも抱き合わせにされました。お茶は当時、ティーボウルと呼ばれるハンドルのない器に注がれ、砂糖やミルクを入れた後に、受け皿に移して飲むという習慣で楽しまれていました。たくさんの砂糖が振る舞われた茶会では、茶液を受け皿に移した後に、ボウルに溶けきらなかった砂糖が残りました。その砂糖の量が多いほど、豪華なお茶会。当時の人々は「スプーンが立つほど砂糖が濃いお茶を振る舞われた」と大満足したそうです。この頃英国で流通していたのは、紅茶ではなく、緑茶と烏龍茶だったので、今でも緑茶、烏龍茶に砂糖を入れる人も多くいます。

18世紀前半、砂糖のための銀器

当時の砂糖は、円錐形に成形して販売されていました。購入した家庭で手頃な大きさに砕かれ、シュガーボウルに山積みに盛られて食卓に出されました。この砂糖を砕くという作業は、一家の女主人、または家政婦長の仕事とされました。下級使用人に任せると、砂糖をつまみ食いされる心配があったためです。砂糖を砕く作業は尊い作業。そのため、砂糖を砕くためのハンマーやクラッシャーは純銀で作られました。砕く際に出てしまう粉状の砂糖も、大切に集められ、それらは、シュガーキャスターという専用の容器に入れられて保管されました。シュガーキャスターの頭には小さな穴が複数開いており、塩胡椒と同じように食品に砂糖を振りかけて食べる際に使われました。

客人の前で使用する、角砂糖状になった砂糖を掴むためのシュガーニッパーやトングには、美しい細工が施されました。砂糖が高価だった18世紀までは、客人が家主に無断で砂糖に

手を出すことはマナー違反とされました。それぞれの銀器には、家主のイニシャルが刻印され、それを手にしてよい人が限定されていたのです。砂糖がふんだんにあることを誇示するために、あえて蓋をつけないボウルタイプの砂糖入れも人気でした。

18世紀後半、砂糖の弊害、奴隷問題

砂糖に夢中になった西洋人たちは、コロンブスの新大陸発見以後、南北アメリカ大陸に押しかけて植民地を築き、プランテーションとしてのサトウキビ栽培をスタートさせます。圧倒的な労働者不足を補ったのは、アフリカから運ばれた黒人奴隷でした。奴隷貿易は社会問題となり、その根底にある贅を尽くした茶会も非難の対象となりました。奴隷反対派の人々はもてなしの際に砂糖を拒否しハチミツを使うことを推奨したり、集会を開いたりして声を上げました。

英国陶工の父と呼ばれたウェッジウッド社の創業者ジョサイア・ウェッジウッドも奴隷廃止運動に参加した人物でした。ウェッジウッド社は奴隷解放協会のシンボルマークを模した「奴隷解放メダリオン」を製作、多くの顧客に配布しました。「私は人間ではないのですか？　友達ではないのですか？」メダルに刻まれたこのフレーズは、奴隷解放運動者のスローガンとなりました。そんな奴隷廃止運動をテーマにした映画『アメイジング・グレイス』『ベル　ある伯爵令嬢の恋』は名作ですので、ぜひ鑑賞してみてください。

19世紀、てんさい糖の発見 ～英国菓子の発展

砂糖が高価だった時代は、砂糖を使って作ったメレンゲや果実の砂糖漬が茶会の席のメインのお菓子でした。しかし19世紀に入ると、サトウキビから作る甘ショ糖だけでなく、寒冷な西洋でも栽培できる「てんさい糖」が砂糖の原料として注目されます。てんさい糖は、ナポレオンの時代に栽培が進められ、英国にもその技術が導入されます。てんさい糖の大規模な栽培が始まると、砂糖の価格は低下し、一般の家庭にも行き渡るようになります。

果実に砂糖を加えて作られるジャムも、家庭の保存食として作られるようになり、家庭菓子のレシピ本も多数出版されます。上流階級の特権だった甘いお菓子と紅茶でのティータイムが家庭でも実現可能になったことは、アフタヌーンティーのブームを起こしました。

21世紀の砂糖の位置

20世紀に入ってホワイトカラーの職種が増え、肉体労働者が減少し、砂糖からエネルギーを取る必要がなくなってきたこと、砂糖に代替するキシリトールやパラチノース、オリゴ糖などの代用糖をはじめ、ダイエット用の低カロリー甘味料も多用されるようになったことから、世界的に砂糖の消費量は低迷していきます。しかし近年、人工甘味料の安全性の問題が取りざたされるようになり、英国では人工甘味料の使用が制限され、砂糖の需要が増えているそうです。

砂糖の種類と特徴

現在は砂糖の種類が豊富で、お菓子によって様々な砂糖が使われています。砂糖の特徴をよく理解しておくことは、紅茶に合わせたお菓子を選び、ペアリングを成功させるためにもとても大切なこと。お菓子作りにもよく使用される代表的な砂糖の特徴をいくつかあげてみましょう。

てんさい糖と甘ショ糖の生産地域

お菓子を作る時には、様々な砂糖を使い分けます。砂糖を変えることで、甘みだけでなく、お菓子の食感も変わります。

砂糖の特徴

上白糖

- きめが細かくしっとりしている。
- 日本の家庭で主に使用される砂糖。
- 焼き色（メイラード反応）がつきやすいため、熱湯で抽出する紅茶の水色が濁る。
- 味にコクが出て、後に引く甘さが残る。

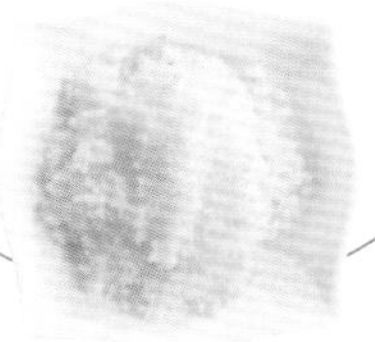

グラニュー糖

- ショ糖の純度が高く転化糖を含まないため、さらさらとして甘みに癖がない。
- 紅茶の色に変化をもたらせないため、紅茶向き。

メープルシュガー

- サトウカエデの樹液を煮詰めて作る。
- 煮詰め方により5段階に分かれる。「エキストラライト」、「ライト」は樹液そのものに近く、煮詰めた香りがしないので、料理やストレートティーにも活用できる。「ミディアム」、その上の「アンバー」「ベリーダーク」は香ばしさが増していくため、ミルクティーに合う。

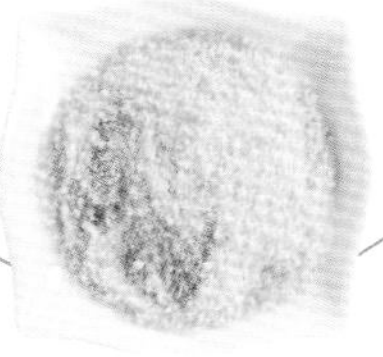

黒砂糖

- サトウキビの搾り汁をそのまま煮詰めたもの。
- 製品によって成分が異なり、ミネラル分が多いほどコクや風味が増す。
- 不純物が多いため、賞味期限が短く、甘さも控えめ。
- 水色が濁り、独特の香りが立つので、アッサム種系の紅茶、ミルクティー向き。

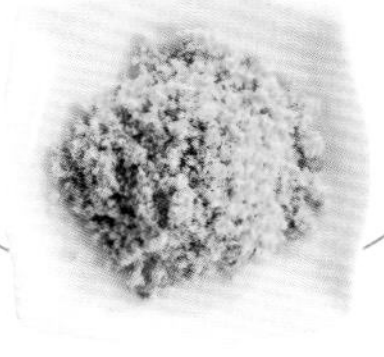

和三盆

- 徳島県阿波と香川県讃岐の２つの地域でサトウキビから製糖される。
- 結晶が非常に小さく、サラリとして上品な甘さを持ち、砂糖としては高価。
- 風味を壊さない中国種系の茶葉がおすすめ。

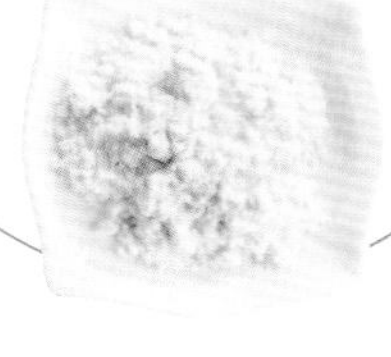

砂糖に関するアンティークシルバー。左からシュガートング、シュガーキャスター、シュガークラッシャー、シュガーニッパー、シフタースプーン。

紅茶と砂糖の相性

	上白糖	グラニュー糖	和三盆	黒砂糖	メープルシュガー
中国種 ダージリン ファースト フラッシュ	△ 水色はやや黒ずみ、甘い香りと味が強く紅茶の香りが消え、口の中に甘さが残る。	○ 水色は鮮やか、紅茶の香りを損ねずくせのない淡白な甘さ。	○ 水色は鮮やか、紅茶の風味をよりひきたて、紅茶の適度な渋みも感じる。	× 水色は黒く、香り味ともに黒糖の特徴が強く、紅茶のよさが消える。	× 水色は黒く、香り味ともにメイプルの特徴が強く、紅茶のよさが消える。
アッサム種 アッサム	○ 甘さがより強く感じられる。まったり感。	○ 紅茶の香りが引き立つ、上品な甘み。	× 和三盆の繊細な風味を殺してしまう。	△ 紅茶の香りとややバッティング、渋みを増長させる。	△ 紅茶の香りとややバッティング、渋みを増長させる。
アッサム種 アッサム ミルクティー	○ 水色がやや濃くなり、コクが増して、ボリュームが出る。	○ 上品なミルクティーに。	× 和三盆の風味が消えてしまう。	○ 水色が黒っぽくなり、香りも増す。ただし、後味はさっぱりやや苦みあり。	◎ 甘みが増し、スイーツを食べているような風味に。苦みも和らぐ。

Lesson 19

紅茶とフードのペアリング

おいしいティータイムを楽しむためには、紅茶とフードのペアリングは欠かせない知識です。ペアリングのコツについて学んでいきましょう。

ペアリングとは

食べ物に飲み物を合わせることで、双方のおいしさを高めることをペアリングと呼んでいます。

例えば繊細なフードに、濃厚で香りの強い紅茶を合わせると、食べ物の油分は流せても、その食べ物本来の魅力は軽減してしまいます。打ち消すのではなく、油を流しつつ、香りや味のハーモニーを作り、食べ物と飲み物双方が合わさることで、新しい味覚を生み出すこと。これがペアリングの目的となります。

ペアリングをする時の流れ

まずペアリングの基本的な流れを把握しましょう。

①ペアリングの主役を決める

まず大切なのは、ティータイムの「主役」を決めることです。「今日はスコーンを食べたいので、相性のよい紅茶を選ぼう」「酸味のあるレモンケーキに合わせる紅茶はどれだろう」「新茶のウバがあるので、ウバの風味を引き立てるお菓子を用意しよう」「友人にアッサムの茶葉を贈る際に、アッサムに合うお菓子も一緒にプレゼントしよう」

時にはフードが主役に、時には紅茶が主役に。主役を決めることで軸がぶれなくなります。

②ストレートティーか ミルクティーか アイスティーかを考える

もしフードが主役でしたら、選んだフードに対し、ストレートティーで合わせたいのか、ミルクティーで合わせたいのかを検討してみましょう。極端な例ですが、さわやかなグレープフルーツゼリーに濃厚なミルクティーでは、グレープフルーツの香りのフレッシュ感が消えてしまいそうですよね。ショートブレッドと牛乳は合う？ スコーンと牛乳は？ リンゴと牛乳は？ バナナと牛乳は？ フードに使われている食材を軸に想像力を膨らませてみましょう。

また紅茶の提供温度をイメージすることも大切です。油分の強いフードの場合、アイスティーより温かい紅茶の方が脂肪を洗い流す力があるので、さっぱり感を強く出すことができます。しかしゼリー系のスイーツは、アイスティーの方が向いている場合もあります。食中に合わせる場合は、40～50℃のぬるめの紅茶の方が、口中の油分を流しやすく、食べ物の香りも損なわないので、おすすめです。

③フードの甘みを考慮する

食べ合わせの際には、フードの甘みと紅茶の渋みのバランスを考慮することも大切です。甘すぎるフードに甘すぎる紅茶ですと、途中でお腹がいっぱいになってしまいます。反対にフードに甘みがない場合は、紅茶に少し甘みをつけてバランスを取ることも必要です。

④食べ物の酸味を考慮する

次に酸味と渋みの相性を知りましょう。口の中がキュッとするほど酸味のあるフードと渋い紅茶の相性を考えてみてください。和食のお食事中に、煎茶ではなくほうじ茶を合わせるのも、酸味と渋みを考慮しているのです。果物に紅茶を合わせる時にもこの知識はとても大切です。果物がたくさんのったタルト、ゼリー……どんな紅茶を合わせましょうか。

⑤食べ物の油分を考慮する

5番目に配慮したいのが、食べ物の油分と紅茶の渋みの関係です。紅茶の主成分の1つに「タンニン」

があります。タンニンには、生クリーム、バターなどの乳製品、肉や魚の脂肪分、植物性の油成分を分解する働きがあり、動脈硬化を防ぐことでも有名です。食べ物を食べた後、紅茶を飲むと、口の中がさっぱりするのはこの力のおかげです。このタンニンの力が、口腔内を食べる前の状態に戻すことで、その食べ物の一口目のおいしさを繰り返し味わうことができるのです。

油が上手に流されず口腔内に油がどんどん溜まっていくと「くどい」と感じ、最後まで食べられなかったり、おいしさが半減してしまいます。飲食店などで油分の高い食べ物を連続して食べた時、口の中に油が蓄積され、それを流そうと水をたくさん飲んでしまった……なんて経験はありませんか？ 脂肪は水では流れにくいため、場合によっては油が凝固し、口腔内にどんどんストレスがたまってしまいます。そうなると、残念ながら食べ物も飲み物もおいしく感じなくなります。

「評判のお店で購入してきたケーキなのに思っていたよりおいしく感じなかった」「紅茶専門店でおすすめの茶葉を購入したのに、飲んでおいしいと感じられなかった」といった経験はありませんか。それはもしかしたら、ペアリングが失敗しているのかもしれません。

⑥食べ物の香りを考慮する

最後に、選んだ食べ物と紅茶の香りの相性も考えてみましょう。紅茶の香りで食べ物本来の風味を損ねないようにしていくことが大切です。ベルガモットの香りを着香したアールグレイをショートケーキに合わせると、イチゴの香りより柑橘系の香りの方が印象に残ってしまいます。燻製のような香りがするラプサンスーチョンとショートケーキの組み合わせも、生クリームの優しい香りをラプサンスーチョンが消してしまうのでもったいないですね。

ペアリングのコツ 紅茶の特徴を知る

ペアリングのコツは、合わせるフードや紅茶についてたくさん知識を持つことです。食べ物に関しては、今までの知識で、なんとなく味が想像できるという方は多いと思うのですが、紅茶に関してはいかがでしょう。

「このフードに合わせ、渋みの少ない紅茶が良いな」「ライチの香りとマッチする紅茶はどれだろう」「いつでもダージリン、いつでもアールグレイではなく、状況に合わせて紅茶を選ぶためには、産地別紅茶の味をいかに知っているかが大切になります。本書の「産地別紅茶」「紅茶の産地インド、スリランカ」など各産地の紅茶の特徴を踏まえながら、まずはたくさんの紅茶を飲んで、その味を習得していきましょう。

紅茶の味を習得する近道は、おいしい」と感じたペアリングのまねから入ることです。「チョコレートケーキにこの紅茶を合わせた時、おいしいと感じた」「専門店でこの紅茶を選んだら、このフードをおすすめされた」。素敵なペアリングを見つけたら、フードだけ、紅茶だけではなく、組み合わせとしてインプットしていきましょう。経験を重ねるうちに、自然に傾向が見えてくると思います。

インド紅茶とフードのペアリング表

	ダージリン ファースト	ダージリン セカンド	ニルギリ	アッサム	アッサム ミルク
生クリーム	△	○	○	○	◎
カスタード	△	◎	○	◎	◎
あんこ	◎	○	△	○	◎
チョコレート	×	○	△	◎	◎
フルーツ	×	○	◎	×	×
洋酒	×	×	○	○	◎
チーズ	×	△	○	○	◎

おすすめのペアリング

ヴィクトリア サンドウィッチケーキ × ダージリン セカンドフラッシュ

バターとジャムの風味を楽しみたいヴィクトリアサンドウィッチケーキ。香りの余韻が長く残るダージリンセカンドフラッシュと合わせると、ケーキの余韻がいつまでも口の中に続き、とても贅沢なティータイムに。

レモンケーキ × ニルギリ

レモンの酸味を楽しみたいレモンケーキ。柑橘の香りを持ち合わせ、かつ渋みの少ないニルギリはベストペアリング。

ショートブレッド
×
キャンディのミルクティー

バターの風味とほのかな塩味を楽しみたいショートブレッド。軽いコクを持つキャンディをミルクティーにして合わせると、口の中にバターの風味が広がり、満足感の増すティータイムに。

スコーン
×
アッサムのミルクティー

シンプルなスコーンにたっぷりのクロテッドクリームとジャム。バターやクリームの油分が多いため、上手なペアリングができないとスコーン１つで胃が苦しくなってしまうことも。タンニンの含有量の多いアッサムをミルクティーにすると、スコーンの味を損ねずに、かつ油を切ってくれるので、最後までおいしくスコーンがいただけます。

マスタークラス

Cha Tea紅茶教室では、基礎クラスを規定数終えた生徒さんを対象に、さらに学びを深めるマスタークラスが月に平均2テーマ開講されます。

テーマは多岐にわたります。「映画で楽しむ英国紅茶史」「英国紅茶と統計」「最新・中国紅茶事情」「化学で紐解く紅茶の成分」「絶対禁酒運動と紅茶」「阿片戦争と紅茶」「ボストンティーパーティー事件」「Punchから紐解く政治と紅茶」「階級別紅茶文化」「ティーボウルの歴史」「ティータイムを描いた画家たち」などなど。茶産地のことから、歴史、文化、陶磁器について。15年以上続けているマスタークラスで取り上げたテーマは300を超えました。

なかにはシリーズ化しているテーマも。人気なのが、私やスタッフの旅の報告会を兼ねた「紅茶で旅する○○」シリーズ。英国はもちろん、ドイツ、イタリアなど欧米諸国、そして紅茶の産地であるインド、スリランカ、中国などなど。ヴァーチャル旅行をみんなで楽しみつつ、現地から持ち帰った紅茶やお菓子でのティータイムを楽しみます。

紅茶に関わった王侯貴族の人生やその時代の紅茶文化を取り上げた「キングシリーズ」「クィーンシリーズ」も好評です。陶磁器好きの方が楽しみにしてくれているのが「アンティークの魅力シリーズ」。カトラリー、洋食器のブランド、銀器、様々なテーマでアンティーク品を楽しむ講座は、私たちにとっても癒やされる時間となっています。

講義の合間に、マスタークラスの企画会議。

マスタークラスのテーマに合わせ、教室のインテリアも月に2回チェンジしていきます。教室に来るたびに部屋の雰囲気が違うと、生徒さんも楽しみにしてくれています。

マスタークラスのテーマを決めるスタッフ会議では、スタッフそれぞれがテーマを提案していくのですが、教室を始めて21年、テーマが思いつかない月は1度もありません。私やスタッフの紅茶の世界への興味関心が尽きない限り、マスタークラスは永遠に続くことでしょう。10年、15年共に毎月2度の学びを楽しんでくれている生徒さんたちに感謝を。

4
章

Cha Tea
紅茶教室の
26
レッスン

紅茶の文化史

Lesson 20

紅茶ブランド

紅茶ファンを魅了する紅茶ブランドには、それぞれがブランドヒストリーを秘めています。紅茶文化の担い手としてのこだわりを紐解いてみましょう。

シングルオリジンティーとブランド紅茶の楽しみ方

通常のCha Tea紅茶教室のレッスンでは、各産地の農園から届いたシングルオリジンティー（44ページ参照）を楽しんでいただいています。このタイプの紅茶は、日本で消費されている紅茶の5%以下の少数派で、多数派においては「ブレンドティー」と呼ばれる紅茶会社が独自に原料茶を複数ブレンドした紅茶を楽しんでいます。スーパーやデパートなど消費者の目につきやすい場所で購入できることも理由にあげられるでしょう。

教室では「紅茶の素材そのものの風味」を覚えてから、企業さんのブレンドティーを飲むスタイルをおすすめしています。それぞれの産地の知識があると、ブレンドされた紅茶についても、その中身が何かを見分ける力がつき、結果として自分好みのブレンドティーを探しやすくなるからです。

味のみでいってしまえば、やはり農園直送のフレッシュな茶葉に適うものはないと思います。しかし、ブレンドティーには、その紅茶をブレンドする企業の特徴があります。紅茶の歴史を学ぶ上で、これらの紅茶会社の紅茶文化への多大な功績があります。パッケージのデザインに惹かれて購入される方も多いと思いますが、実はそのデザインに、その会社のこだわりや歴史的背景が描かれていることも多く、魅力の1つとなっています。そのため、ブランドストーリーを知ることで、ただの紅茶缶が宝物になることもあります。

また「ブレックファストティー」、「アフタヌーンティー」「イブニングティー」など楽しむ時間に合わせたブレンドティー、「マリー・アントワネット」「クィーン・アン」などの人物名、「ローズティー」「ストロベリーティー」など香りをイメージしたものなど、テーマに合わせたブレンドがされているため、お茶会を開く際にテーマに合わせた紅茶選びがしやすくなるというのも嬉しいところです。欧米の代表的な紅茶ブランドを知って、ぜひご自宅でのおもてなしの楽しみにしてみてください。

代表的なブランド

トワイニング
TWININGS

英国紅茶の老舗ブランド

コーヒーハウスのオーナー、トーマス・トワイニングにより1706年に創業。1717年には茶葉を小売りする「ゴールデンライオン」を開設したことにより、英国でもっとも古い茶葉の小売り専門会社となりました。

1837年にヴィクトリア女王から王室御用達を受けて以来、王室に紅茶を納めています。20世紀に入りブレンドされたイングリッシュ・ブレックファストは、英国人の朝食のお供として定着し看板商品となっています。最近では、ダージリン、アッサムなどのシングルオリジンティーの販売にも力を注いでいます。

ハロッズ
Harrods

食料品店から始まった 高級百貨店の紅茶

1834年に創業。当時は茶の小売販売を中心とした食料品店からスタート。現在の店舗のあるロンドン・ナイツブリッジに移転したのは1849年。2代目の時に、経営が拡大し大店舗へと発展していきます。火災で建物を失ってしまった際にも、迅速な後処理で顧客の信用を集めることに成功し、その後オープンさせた新店が現在のハロッズの原型となりました。紅茶は150種類を超える品揃えを誇っており、ハロッズ創立以来の不動の人気ナンバー1ブレンドは、「No.14」。そのネーミングの由来は、ハロッズの前を通るバスの番号からきています。

フォートナム&メイソン
FORTNUM&MASON

英国王室御用達の 名門食品店

アン女王のフットマンをしていたウィリアム・フォートナムと、地主のヒュー・メイソンの2人により1707年に創業。上流階級をターゲットに「口コミ」により成長しました。ロンドン本店に設置されたからくり時計や、四季折々に掲げられる芸術的なウィンドウ・ディスプレイも、街の景観に貢献しつつ高級感を常にアピールし続けています。

「クィーン・アン」、「ロイヤルブレンド」など王室との縁を感じさせるブレンドティーをはじめ、近年ではオーダーメイドのブレンドティーのサービスも行っています。

リプトン
Lipton

世界中で愛される 紅茶の代表的な存在へ

スコットランドの労働者階級の若者トーマス・リプトンにより1871年に創業。「宣伝のチャンスは逃すな」、「商売の資本は体と広告」をモットーに店を繁栄させていきます。1889年から紅茶の販売を始め、翌年には茶園経営を開始します。その際に掲げた「茶園からティーポットへ」というスローガンを基に、安価で衛生的、しかも品質も安定した良質茶を作るようになりました。1906年には、日本にも輸入され「リプトンの黄缶、青缶」の名で文明開化のハイカラな紅茶として、日本の喫茶文化の始まりを支えました。

マリアージュ・フレール
MARIAGE FRÉRES

フランス流紅茶芸術を 目指して

1854年マリアージュ家の兄弟により、お茶の卸売り会社として創業。「フランスでワインを売るように紅茶を売ろう」というコンセプトのもと、世界各国から希少なお茶が集められ販売されています。「芸術紅茶」を目指し、茶葉だけでなく茶道具やお茶回りの空間も合わせて独特の世界観を提案しています。

取り扱いのお茶は数百に上りますが、卸売りの頃から販売されていた「1854」は今でも人気商品です。またテーマを持ってブレンドされたフレーバードティー「マルコポーロ」「ボレロ」などはリピーターの多い商品となっています。

ハーニー&サンズ
HARNEY&SONS

ニューヨーカーの
御用達ブランド

伝統的な英国紅茶に魅せられたジョン・ハーニーにより1983年にニューヨークに創業。有名ホテルのスイートルームには欠かせない紅茶として認知されています。紅茶界のオスカーともいわれる英国ロンドンのアフタヌーンティー賞も受賞し、創業以来、地元ニューヨーカーはもちろん、世界中の紅茶ファンに愛される紅茶ブランドへ成長し注目を集めています。

世界中の茶園から厳選された上質な茶葉のみを使用し、紅茶、ハーブティー、緑茶、カフェインを含まないデカフェなど300種類以上のユニークなオリジナルブレンドティーが揃っています。

デンメア
DEMMERS

フルーツティーの
先駆者的ブランド

1981年にウィーンに創業。伝統的なブラックティー、フレーバードティーの分野で名声を広げてきました。フルーツチップと花びら、ハーブだけをブレンドしたフルーツティーは、見た目も華やかで香り高く、様々な効能がありヘルシーな飲み物として、近年は女性やヘルシー志向の人々を中心に人気が高まっています。

多くの一流ホテル、紅茶専門店、高級デパートで愛用され、「ザッハブレンド」「エリザベート」などウィーンやハプスブルク家にちなんだ名前のブレンドティーが人気を博しています。

ティーダブリュージー
TWG

シンガポールの
高級茶ブランド

2008年にシンガポールで創業した紅茶専門店。世界の美食家が認めるティーブランドになっています。販売している茶葉やブレンドティーの数は450種類以上ともいわれ、豊富なバリエーションも魅力です。ブランドロゴにある「1837」の表記は、シンガポールが茶葉やスパイスなど美食家に愛される食材や食品の貿易基地となった1837年をブランドのシンボルとして採用しているためです。

商品のパッケージもそれぞれブレンドティーのテーマに沿ったデザインとなっており、見た目も華やかなのでプレゼントにもぴったりです。

ティーツー
T2

多彩な品揃えと
可愛らしいパッケージデザインが魅力

オーストラリアのメルボルンで1996年に創業。200種類を超えるほどのブレンドティーがあり、紅茶、緑茶以外にも白茶、ルイボスティーにハーブやフルーツなどユニークなフレーバードティーが揃えられています。メルボルンは、「世界で一番カフェが多い」ともいわれ、多くのカフェで提供されているのがT2の紅茶だといわれています。

またパッケージのデザインのおしゃれさも魅力の1つで、中身の茶葉をイメージした絵柄が描かれており、手にするだけでもワクワクした気分に。

ハイグローヴ
HIGHGROVE

英国王チャールズ3世の
お墨つき紅茶

自然を愛し、オーガニック運動に取り組む英国のチャールズ国王によって1979年に設立されたブランド。チャールズ国王の私邸である「ハイグローヴ邸」をモチーフとしています。すべての商品は国王自ら試飲を行って承認されたものです。

アッサムティーとセイロンティーをブレンドしたプリンス・オブ・ウェールズブレンドは、皇太子時代からの人気商品。これらの収益はプリンス・オブ・ウェールズチャリティ財団へ寄付され、自然保護助成のために使用されます。

ジャンナッツ
Janat

2匹の猫が目印の
フランスで愛されるブランド

1872年にフランスのパリで創業した老舗の紅茶ブランド。創業者ジャンナッツ・ドレスの2匹の愛猫が描かれたパッケージが目印です。愛する猫たちの忠誠心のように、自らもお客様に対する忠誠心をビジネスの基本とすることをモットーに、茶葉やフルーツ、スパイスなどの原材料を生産者から直接仕入れることにこだわりを持った紅茶を提供しています。

ヘリテージシリーズのセイロンは、パリで開催されたTEA EXPOにおいて2年連続金賞を受賞した実績を持っています。

ロイヤルコレクション
The Royal Collection

ロイヤルファミリーの雰囲気を
楽しめるブレンド

英国に行ったならチェックして欲しいのが、英国王室の公式商品を扱うロイヤルコレクションです。王室所有のバッキンガム宮殿、ウィンザー城などロイヤルパレス限定オリジナルブレンドティーをはじめ、ジュビリーやコロネーションなど王室行事にちなんだ記念のブレンドティーは王室ファンにはたまりません。

それぞれの缶のデザインも素敵なので自分用にお土産としてコレクションするのはもちろん、プレゼントにしても喜ばれることでしょう。

ベティーズ
Bettys

地元に根づいた
ブレンドティー

1919年、北イングランドのヨークシャー・ハロゲイトで創業した老舗のティールーム。伝統的で優雅なイングリッシュスタイルのお茶、お菓子、食事が楽しめるティールームとして有名です。地元のヨークシャーにしか出店しないというこだわりがあり、ここでしか味わえない楽しみを求めて観光客も多く訪れます。

そんな味を持ち帰れると、お店のウインドーを描いたオリジナル缶に入った紅茶はお土産としても大人気です。英国菓子との相性も抜群のブレンドティーです。

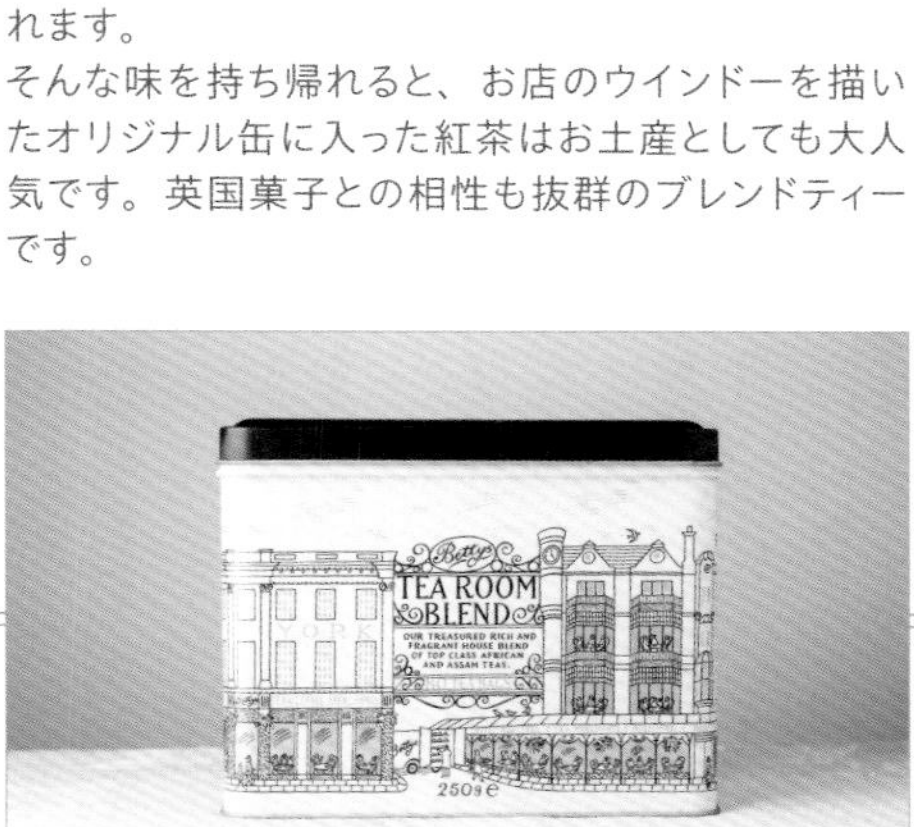

Lesson 21

紅茶の成分と効能

紅茶は、日々の暮らしの中で癒やしや楽しみを与えてくれる飲み物ですが、体によい効果をもたらす様々な成分が含まれた健康飲料としても注目されています。代表的な成分を紹介していきましょう。

代表的なお茶の成分

カテキン類

お茶の渋味は、ポリフェノールの一種であるカテキンが主成分です。タンニンとは、皮をなめす作用のある植物成分に与えられた名称ですが、カテキンは、化学的に一定の構造を持つものの名称です。緑茶から紅茶に酸化発酵が進むと、カテキンは化学反応を起こし、タンニンの性質を示すようになります。紅茶のタンニンの85%はカテキン類の構造を持つため、「タンニン」=「カテキン」と解釈される場合も多いです。お茶に含まれる主なカテキンは、エピカテキン、エピガロカテキン、エピカテキンガレート、エピガロカテキンガレートの4種類です。フラボノイドも天然に存在する色素などの有機化合物で、ポリフェノールの一種です。

■水色への影響

カテキンは酸化発酵によって化学反応を起こし、周りにあるタンパク質や糖類など種々の物質と結合し、ポリフェノールの一種であるテアフラビン、テアルビジンといった成分を作り出します。紅茶の水色はテアフラビンが多いと美しい橙赤色になり、テアルビジンが多いと褐色が濃くなります。

■香りへの影響

紅茶には500種類以上の香気成分があることがわかっています。青葉アルコールは、若葉のような香り、リナロールはスズラン系の花の香り、ゲラニオールはバラのような香りがします。ジメチルオクタジエンオールはリンゴの香り、ジメチルオクタトリエンオールはグリーンな香りがします。ジメチルオクタジエンオールとジメチルオクタトリエンオールの2つが合わさると、ダージリン・セカンドフラッシュの香りとして有名なマスカテルフレーバーになります。紅茶の香りは高い温度で揮発します。紅茶をおいしく淹れるために必ず熱湯を用いるのはこのためです。

■味への影響

タンニンは渋みに反映されます。

■カテキンの効能

抗酸化作用がきわめて強く、血中コレステロール値を下げる、老化防止、抗ガン作用などの働きがあります。また抗菌作用もあり、風邪予防、食中毒予防、虫歯予防などの働きもあります。お茶でうがいをすると、カテキンがウィルスをコーティングし、感染を防いでくれるのでインフルエンザ予防にも効果的です。

カフェイン

カフェインは紅茶の中に2・5〜5・5%ほど含まれ、カテキン同様代表的な成分としてあげられます。カフェインはお茶以外にコーヒーやコーラ飲料などにも含まれています。カフェインと聞きますとコーヒーのイメージが強い気がしますが、実は紅茶の葉にはコーヒーの約2〜3倍のカフェインが含まれています。ただし、飲む段階になりますとその数値は逆転します。

■味への影響

カフェインの味は、苦みがあります。

■カフェインの効能

カフェインの主な作用として、覚醒作用・利尿作用などがあげられます。

カフェインは肝臓の代謝をよくする働きも持っています。肝機能がきちんと働くと、疲労が取れ、二日酔いの防止にもなります。また、カフェインを摂取して適度な運動を行うと、脂肪がエネルギー源として使われ、持久力の向上に役立ちます。

テアニン

テアニンは、紅茶の旨み、甘みを醸し出すアミノ酸の一種です。紅茶に含まれるアミノ酸の約半分を占め、カフェインの作用を抑制する働きを持ちます。そのため紅茶の興奮作用は穏やかであるとされます。イライラを鎮めて気分をリラックスさせる効果があります。

フッ素

フッ素は熱湯で抽出されやすいため、様々なお茶の中でも紅茶により含まれる物質です。紅茶のフッ素含有量は烏龍茶の約2倍、緑茶の約3倍といわれています。またお茶を淹れた時のフッ素が溶け出す割合は淹れ方によっても差がありますが、100℃のお湯に対して含有量の約60～70％は溶け出すことがわかっています。歯の表面に耐酸性の被膜を形成するので虫歯の予防に有効な成分です。

ビタミンB群

紅茶には、皮膚の病気や口内炎などを防ぐナイアシン、ビタミンB1、ビタミンB2といった様々なビタミンB群が含まれています。モロヘイヤやほうれん草の4倍ほどのビタミンBが含まれるといわれています。

サポニン

サポニンはお茶全般に含まれている成分で、抹茶などでみられるように泡立つという特徴があります。茶葉に0・1％程度含まれ、強い苦みとエグみを持っています。カテキンの作用を補うサポート役ともされており、抗炎症作用、抗アレルギー作用、血圧降下作用、肥満防止作用、抗インフルエンザ作用などの有効性が確認されています。

紅茶の成分と効能を生かした「紅茶のスコーン」

133ページでレシピを紹介している「紅茶のスコーン」は、紅茶の成分と効能が生かされた紅茶教室らしい一品となっています。紅茶のスコーンには58ページのロイヤルミルクティーを100％の低温殺菌牛乳を使い10倍の濃さで作り、茶液だけでなく蒸らした茶葉も生地に練り込んでいます。まさに「食べる紅茶」ともいえるスコーンです。温め直すと、紅茶工場の発酵の工程でする香りが漂います。紅茶のタンニンには口の中の油分を分解する力があります。そのため、紅茶のスコーンは、他のスコーンに比べるとバターの脂分がより分解され、そのまま食べると、口の中の水分が奪われていくような感覚になります。ミルクティーと合わせたり、クロテッドクリームをつけることで、油分が足され、バランスがよくなります。まさに紅茶の成分を感じられるスコーン、ぜひお試しください。

スーパーマーケットやドラッグストアで販売されている商品にはお茶の成分を生かしたものがたくさんあります。

Lesson 22

茶道具の歴史

人々の知恵や生活スタイルの変化とともに茶道具も進化してきました。しかし需要は年々低くなっています。ペットボトルの紅茶は、道具は必要ないからです。茶道具の歴史を知ることで、紅茶を淹れる時間を楽しんでもらえたら嬉しいです。

茶道具の発展

キャディボックス

17世紀、茶は貴重品でした。中国からの長い航海中に、船の乗組員が茶を盗み飲みしないように、輸入箱には鍵がかけられました。家庭においてもそれは同様で、使用人が盗み飲みしないようにと、茶箱は必ず施錠されていました。茶は輸入時、マレーシアの重さの単位1カティ＝600gごとで価格計算されていたため、茶箱の愛称はカティがなまり、キャディボックスに定着しました。初期のころは銀製のボックスが多かったのですが、18世紀に入ると木製（ローズウッド、マホガニー、ウォールナットなどの輸入木材）が主流になり、象牙、白蝶貝、琥珀で装飾されました。半発酵茶が登場した後は、2つ箱、または真ん中にそれらのお茶をミックスするためのガラス製のボウルがついたタイプが人気となりました。

キャディスプーン

茶箱から茶葉をすくうのに必要とされたのが、キャディスプーンです。もともとは外国から持ち帰った貝殻を使用していました。貝殻は様々な地域で貨幣として使われていたため、高価な茶葉をすくう道具には適していました。しかし貝殻は割れやすかったため、18世紀には貝殻を模した銀製のキャディスプーンが作られるようになります。その後様々な形で作られるようになると、その装飾性の美しさからキャディスプーンはコレクターズアイテムとして注目されるようになります。

ティーストレーナー

19世紀後半、インドやスリランカでの茶栽培が盛んになると、機械による製茶が主流になり、茶の発酵度は上がり、茶葉の形状も細かくなっていきます。そのため、ティーストレーナー、いわゆる茶こしが必要となってきます。初期の頃はまだお茶の葉が大きかったため、ポットの先にぶら下げるタイプの小さな茶こしが使われていましたが、20世紀に入ると更に細かい葉に対応できるように、

ヴィクトリア朝初期のキャディボックス。白蝶貝の装飾が美しい作品です。

教室には10以上キャディボックスがあります。形も装飾も様々。どんな方が使っていたのでしょう。

スターリングシルバー製のティーストレーナー。

貝殻の形のキャディスプーン。18世紀の作品です。

内蓋に装飾されたG（Green Tea）とB（Bohea Tea）の飾り文字。Bohea Teaは中国・武夷山で製茶された半発酵茶。非常に珍しいキャディボックスです。

ティーカップにセットして使用する、現在のものに近い大きなサイズの茶こしが誕生します。

ティーポット

17世紀、ティーポットは中国製が主流でした。宮廷喫茶の習慣が根づくと、よりたくさんの茶を客人に振る舞うため、大きなサイズのポットが求められます。そこで17世紀末頃から銀製のポットが製作されるようになります。18世紀後半からは、陶磁器でも製造されるようになりました。次第にポットは、シュガーボウルやクリーマー、ティーカップとお揃いのセット商品となっていきます。

ティーケトル

おいしい茶を淹れるために熱湯は欠かせないものです。19世紀まで上流階級の館では台所と茶会を催す居間には距離がありました。そのため、湯は使用人たちにより台所から居間まで運ばれ、銀製のケトルに移し替えられ、ティーテーブルにセットされました。ティーケトルは下に設置されたアルコールランプで温められる仕組みになっていました。

スロップボウル

スロップボウルは、飲み残したお茶を捨てる、または茶葉を替える際に、使い古した茶葉を捨てるためのボウルとして使用されました。19世紀末になると、水回りが充実してきたことにより、スロップボウルは使われなくなりました。

シュガーボウル

現在は茶会に茶菓子はつきものですが、18世紀半までは、よほどの家庭でない限り茶菓子は提供されませんでした。砂糖そのものが高価で、そのまま出すだけでも充分なもてなしになったからです。そのためシュガーボウルも大ぶりに作られました。蓋がついているものはフレンチスタイル、オープンシュガータイプが英国スタイルです。

シュガーニッパー

高価な砂糖はゲストが勝手に触ってはいけないものでした。そのため砂糖をつかむシュガーニッパーには、館の主や女主人のイニシャルが刻印されました。シュガーニッパーは、後に形が簡易的になりシュガートングとして現在までその文化が続いています。

ミルクピッチャー

大ぶりに作られたシュガーボウルに対し、国産品である牛乳を入れるミルクピッチャーは小ぶりに製作されました。これらの品は、後にティーポットと同デザインで製作されるよ

スロップボウル。ティーボウルと同じデザインで作られました。

シルバー製のシュガーボウルと、シュガーニッパー。

スターリングシルバーのティーサーヴィス。ティーポット、シュガーボウル、クリーマーのセットをティーサーヴィスと呼びます。

1790年製のティーケトル。230年以上経っても輝きを失いません。

ティーケトルはこのように分解できます。鎖の部分ももちろんスターリングシルバーです。

うになりますが、初期の頃は、別々のデザインであることも多かったといわれています。

ティーボウル

茶を飲むために必要だったのが、持ち手のない湯呑みでした。湯呑みは茶托代わりにした小皿とセットで扱われ、ティーボウルと呼ばれました。17世紀末になると、ボウルに注がれた茶に、砂糖やミルクを入れ、かき混ぜてから、改めて茶を小皿に移して飲むという、奇妙なマナーが流行します。この習慣は、ボウルに取っ手がつく18世紀半ばまで続きました。

ティーカップ

18世紀後半、茶は中産階級層の家庭でも常飲されるようになりました。国産陶磁器産業も盛んになったため、ビアマグにならい、ティーボウルには取っ手がつくようになりました。取っ手のついたティーボウルは、ティーカップと呼ばれるようになり、お茶を移して飲むために使われた小皿はディッシュからソーサーに用途が変化しました。受け皿としての使用が定

ロイヤルクラウンダービーのティーカップ。花束を意味する「ポジー」のネーミングがついています。

着するとソーサーにはカップのズレを防ぐ溝がつけられるようになり、それは現在まで続いています。

ティートリオ

茶会に招く来客の数が増え、お茶、コーヒーなど家庭の中で楽しめる飲料も増えたため、ビュッフェスタイルの茶会なども多く開かれるようになります。その際、客人がお茶またはコーヒーを自由に選択するにあたり、2種類の器を用意する必要がでてきました。複数の飲み物を同時に飲む人はいないため、カップ部分だけそれぞれの飲み物専用に作り、ソーサーは併用するという合理的なスタイルの3点セット、ティートリオが生み出されます。また、紅茶を飲む時はソーサーを使い、コーヒーはマグのようにソーサーなしで使っていたという説もあります。

ティースプーン

ティーボウルに入れたお茶に、砂糖やミルクを加えかき混ぜるのにティースプーンが使われました。17世紀の茶会は、大人数の場合であっても、

ひとつひとつ装飾の異なるティースプーン。

18世紀のティーボウル。当時は緑茶や、烏龍茶を飲んでいました。

ティートリオは1850年頃までに作られた作品が多く、人気のアンティークです。

デザイン性が豊かなミルクピッチャー。

ティースプーンは1～2本しか用意されず、テーブルの上のスプーントレイに置かれ共有されました。ティースプーンは初期の頃はシンプルなデザインでしたが、徐々にデコラティブに装飾されるようになっていきます。ティースプーンにはお茶のおかわりを断る役目もありました。高価なお茶をあからさまに「もう良いです」というのは失礼に当たると思われていたため、おかわりを断りたい時は、ティーボウルの上にティースプーンを渡して置くことがマナーとなりました。

モートスプーン

モートスプーンはティーポットの注ぎ口に詰まった茶葉を取り除くために、17世紀後半から作られました。つぼの部分に穴をあけておくことで、茶液の中に紛れ込んでしまった茶殻をすくう用途としても活躍します。モートスプーンは、ティーポットの注ぎ口の長さに合わせて製作されたので、異なるデザインのティーポットを複数持つ家庭では、長さ違いのモートスプーンを所持していました。モートスプーンは、19世紀初頭までの短い期間しか製造されなかったので、市場に残された本数がとても少なく、現在では高価なコレクターズアイテムとして珍重されています。

ポットスタンド

熱湯の注がれたティーポットを直接テーブルに置くとテーブルが傷むため、ティーポットには専用のポットスタンドが抱き合わせで製作されるようになりました。ポットスタンドはポットと同様に銀、陶磁器で製作されました。それぞれのポットに合わせたポットスタンドは19世紀中頃まで製作されていましたが、その後はどのポットにも共有して使えるデザインを1つ所持すればよいようになりました。

スコーンナイフ

20世紀に入ると、スコットランド生まれの英国菓子スコーンがティータイムに欠かせない茶菓子となり、スコーンにジャムやクロテッドクリームを塗るためのナイフが必要となりました。スコーンナイフまたはティーナイフと呼ばれるナイフは、切るためのナイフではなく、塗るためのナイフのため刃先が丸いのが特徴です。

中央はミントンの1820年代のティーポットとポットスタンド。他2つは19世紀後半のポットスタンド。

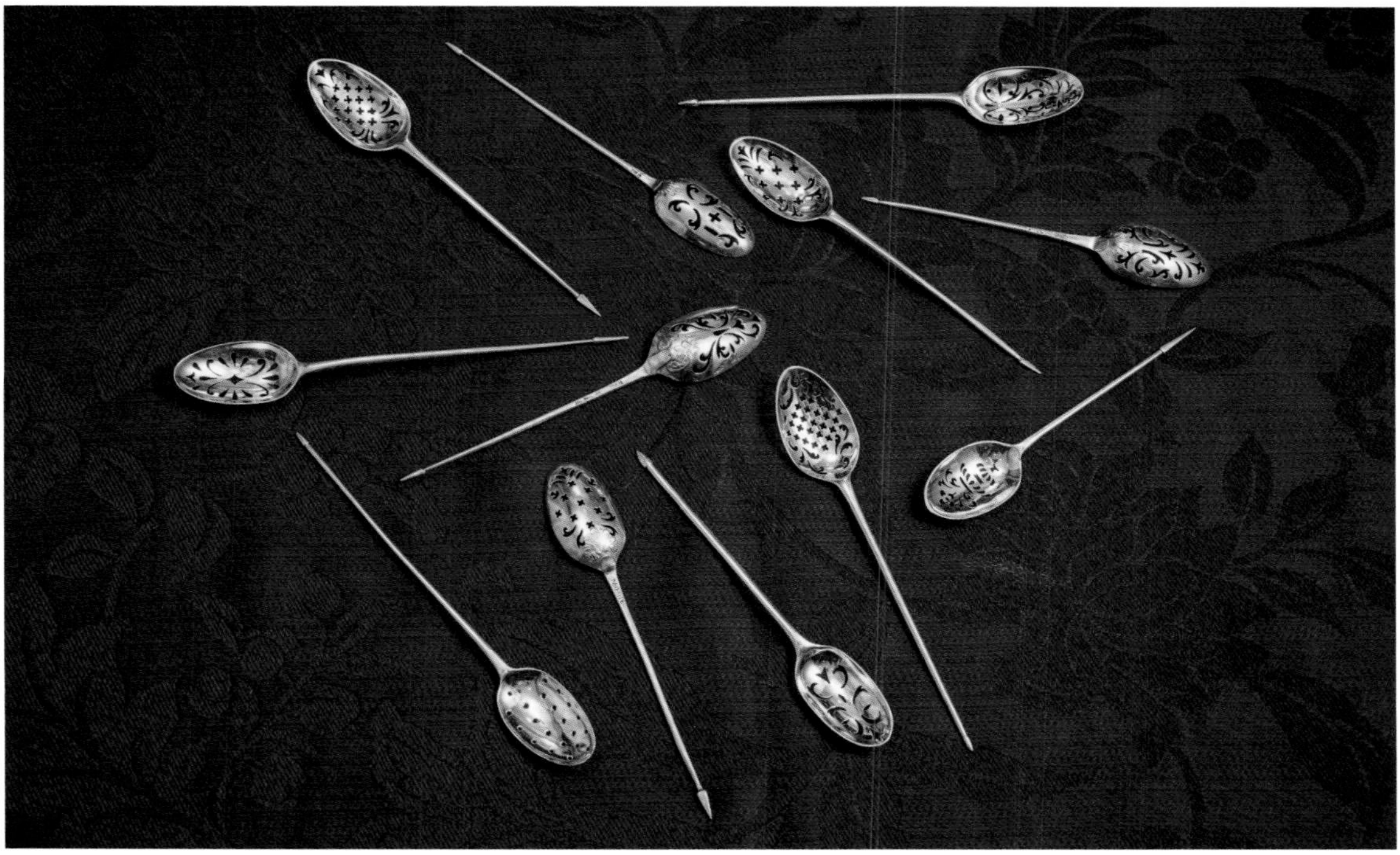

モートスプーンの装飾はとても細かく、職人技が光ります。

ティータイムに欠かせないスコーンナイフ。

ポットスタンドはスターリングシルバーから陶器まで様々な素材で作られました。

Lesson 23

洋食器

紅茶を楽しむためのティーウェア。気分やシチュエーションにあわせてお気に入りのものを選ぶのは至福のひと時となるはずです。

器の素地

器の素地は大まかに4つに分類できます。まず素焼きの土器、そして焼き締めを強くした炻器《せっき》(ストーンウエア)。炻器は水を通しませんが、口当たりがざらざらするため、食器としての人気は低く、装飾品として使用されることが多い素地です。そして日本でも日常的に使われている陶器。実用性は高いですが、少々重く割れやすいのが難です。ちなみに、これらの食器はすべて原料が「土」です。そして11世紀頃、中国で生まれたのがカオリンと呼ばれる白い「石」を原料とした「硬質磁器」でした。こちらは硬質で、白くガラスのような滑らかさが魅力です。透光性を持ち、陶器の倍以上の強度を持つ磁器は、当時の西洋では製造ができなかったため、瞬く間に王侯貴族の注目を集めました。

西洋磁器の歴史

中国からの磁器の輸入

中国からのお茶の輸入が盛んになった17世紀後半。茶を運ぶ船のバラスト(重し)代わりとして、磁器は茶と一緒に盛んに運搬されるようになりました。磁器は中国から輸入されてきたため「チャイナ」と呼ばれました。強い権力と富を得た西洋各国の王侯貴族や富裕な商人は競って美しい中国磁器を収集し、邸宅に左右対称に作品を並べた磁器の間を作ることが、特権階級者の趣味としてもてはやされました。

西洋での磁器作り

磁器コレクターとして知られていたザクセン王国の国王アウグスト強王は、磁器の製作にも関心を持つようになります。王は錬金術師のベットガーを雇用し、研究を命じます。ベットガーは質素な研究室であらゆる種類の粘土を配合し、様々な温度で焼成し実験を重ね、１７０９年に磁器焼成を成功させます。１７１０年、王により磁器工房設立の布告がなされ、ザクセンは名実共に磁器焼成の1番乗りとして西洋中に名をとどろかせました。ところが磁器焼成の成功が西洋に広まるに連れ、町には磁器焼成の秘密を盗もうとするスパイが溢れ出ます。

１７１０年マイセンに正式な工房が開設

王は秘密の漏洩を恐れ、１７１０年、工房をドレスデン近郊の田舎町「マイセン」のアルブレヒツブルク城に移しました。現在でももっとも有名な磁器窯、マイセンの誕生です。磁器製造の秘密を守るため、工場は城壁の中にありました。製造方法も分離生産にし、厳重な管理のもと秘密保持されていましたが、王の無理な注文に伴い窯は経営困難が続き、職人の逃亡などによりだんだんと秘密は外部に持ち出され、各地でマイセンのものと見分けがつかない製品が作られ始めます。

１７５０年頃から英国にて磁器焼成研究スタート

海を隔てた英国にも、少しずつこの秘密が伝わりました。しかし、残念なことに、大陸から離れた英国は良質な「カオリン」が乏しく、努力をしてもなかなか白い器を作ることができませんでした。試行錯誤の結果、ウェッジウッド社などが後に「クリームウェア」と呼ばれる陶器の器を生み出します。「クリームウェア」は鉛釉を用いクリーム色に仕上げた陶器でしたが、人々の「白い器」への憧れは強く、どうにかして「白い器」を焼くために各窯が研究を重ねていきます。

その結果18世紀終わりに「ボーンチャイナ」と呼ばれる技法が確立されました。原料に陶土、陶石の他に、牛の骨灰を使用するのが特徴です。牛の骨を50%以上混ぜることにより、「白い器」を完成させたのです。硬質磁器に比べて3～3・5倍の強度を持ち、形もデリケートで優美なものを製作できます。また各種絵の具の溶け込みも極めて良好で、色彩的に鮮やかな発色を呈します。英国は英国ならではの器の素地「軟質磁器」を完成させたのです。青みがかった「硬質磁器」の白と乳白色の「軟質磁器」の白を比べてみてください。自分の好みの地肌がみつかるかもしれません。

磁器の装飾

白磁に美しい装飾を施すことによって、食器は美しさを増します。装飾の方法には、ひとつひとつ筆で描いていく手描きによる技法と転写シートを使った技法があります。

手描き

手描きには、釉薬をかける前の素焼きの素地に直接絵や文様を描く下絵つけ（アンダーグレイズ）と、1度釉薬をかけて焼いたものの表面に絵を描く上絵つけ（オングレイズ）があります。手持ちのカップやお皿をなでてみるとわかります。表面がスムーズでつるつるとしていたら下絵つけで、かすかですが柄のところがざらついていたり凹凸があったりしたら、上絵つけによる製品です。

下絵つけは、釉薬と絵柄がごくわずかに溶け合うため、絵柄がぼやけたように少しにじむのも特徴です。また上絵つけと下絵つけでは、顔料の焼成温度の違いにより使える顔料の数が違います。上絵つけは多くの色が使えますが、下絵つけは色が限られています。

転写

手描きに対して、より早く安価で多量に作れるのが転写による装飾です。転写による技法にも、銅版転写とシール転写があり、それぞれに製法が変わってきます。銅版転写は、デザインを銅版におこして、その絵柄をティシュと呼ばれる薄紙に転写し、さらに素焼きの状態の生地に写し取る技法です。インクの量や生地への貼り方がひとつひとつ異なり、色の濃淡や模様のズレ、インクの飛びなどが製品に生じますが、手作り感のある温かみが魅力の1つとなっています。デザイン画をコンピューターで作成したシールを転写するシール転写は、色彩やデザインが豊富で、はっきりとした文様を表現できるのが特徴ですが、若干、趣に欠ける点もあります。

銅版を加熱することによりインクを軟らかくし、転写紙をはがしやすくします。

代表的な陶磁器ブランド

ChaTea紅茶教室のレッスンでは、ティータイムは必須です。その際にはレッスンのテーマやいただく紅茶に合わせてティーカップも選んでいます。実際に口につけたり、手に持ったりすることにより素地の違い、装飾の複雑さなどを実感することもできます。代表的な陶磁器ブランドから、ティーカップをはじめ、ポット、プレート、フィギュアにいたるまでテーブルを彩る様々なアイテムを紹介していきましょう。

300年以上の歴史を誇るマイセンの作品たち。
素地の艶が美しい。

ブルーオニオンは祝いの席で使用されました。

Meissen
マイセン

マイセン

ドイツで西洋初の磁器焼成を成功させ1710年に創業。磁器焼成に成功すると、日本の有田焼に陶酔していたアウグスト強王は、絵の具の研究とともに有田焼を手本とした東洋風の色絵つけの作品を作らせ、マイセン工場の手描き技術を向上させました。代表作「ブルーオニオン」の柄は、モモ、ザクロ、シャクヤク、タケといった東洋的な柄をモチーフにしており、それぞれの果物、植物には、東洋哲学に基づく象徴的な意味があります。モモは不老長寿、ザクロは子孫繁栄、シャクヤクは富、タケは成長と時を表しているといわれています。ザクロがタマネギに似ていることから「ブルーオニオン」の名がつけられました。しかしこのパターンは後に、職人の離反により、マイセンから各国へ流出し西洋中に広まります。18世紀後半からは上絵つけのロココスタイルの作品も多く作られました。また、フィギュアの精巧さにも目を見張るものがあります。今日まで、世界の食卓文化をリードし続けています。

白磁の美しさに定評のあるアウガルテン。
清楚で優美なデザインです。

愛らしいバラ柄はハプスブルク
時代からの人気モチーフです。

Augarten

アウガルテン

アウガルテン

ウィーンで1718年に、西洋で2番目の窯として創業。マリアテレジアの時代に皇室専用の工房となり、ナポレオンとの戦争などによる困難な時代を経て、19世紀初頭からは各国の王侯貴族が好んでこの磁器を愛用するようになりました。産業革命以降、工業化と大量生産の波、そしてハプスブルク家の弱体化により一時は休窯まで追い込まれますが、第一次世界大戦後の1924年より「ウィーン磁器工房アウガルテン」としてよみがえり今日に至ります。

アウガルテンは数少ない完全ハンドペイントの窯として、芸術性を評価されています。シューヴェルト、モーツァルト、ベルヴェデーレなど、ウィーンにちなむ人物や場所の名前がつけられたシェイプや白磁の美しさが特徴的です。現在職人数は50名ほど、絵つけ師はたったの11名。希少価値の高い器です。アウガルテンは日本の皇室とも縁の深い窯として知られ、愛用されていることでも有名で、定番の「ウィンナーローズ」が人気です。

ロイヤルクラウンダービーの作品は今も英国のダービーの街で作り続けられています。

エリザベス2世のお気に入りだった「ロイヤルピンクストン」。

Royal Crown Derby

ロイヤルクラウンダービー

ロイヤルクラウンダービー

英国で1750年に創業したロイヤルクラウンダービーは、1775年国王ジョージ3世より「クラウン」を授かるも19世紀前半に閉窯。19世紀後半に復興した後、1890年ヴィクトリア女王より「ロイヤル」を授けられ、英国で唯一2つの称号を冠する窯となりました。男性君主の時代に流行した金彩鮮やかな赤色や濃紺の複雑な文様を配した「ジャパン」など、日本の伊万里焼の影響を受けた作品はこの窯ならではのデザインです。女性君主の時代には「ロイヤルアントワネット」に代表されるフランス風の愛らしい作品と作風が多く作られました。ボーン・チャイナの素地としては、驚くほどの薄作りが特徴で、その素地は「卵殻手(エッグシェル)」と呼ばれています。

色とりどりのロイヤルコペンハーゲンの作品たち。

Royal Copenhagen

ロイヤルコペンハーゲン

イヤープレートとおそろいにイヤーカップもおすすめです。

ロイヤルコペンハーゲン

1775年にデンマークの王立製陶所として創業。カオリン粘土が自国で産出されると、国家の一大事業として磁器生産に取り組みます。デンマークでは、窯の焼成に必要な材木の入手が困難なため、焼成回数が少ない下絵つけの作品を製作。創業時、マイセンより伝来した「麦わら菊」を描いた名作「ブルーフルーテッド・プレイン」は、不動の人気を誇っています。後に繊細な縁取りを施した「ハーフレース」「フルレース」も追加されました。

上絵つけの作品としては、ロシアの女帝エカテリーナ2世のために製作された「フローラダニカ」が有名です。こちらは、デンマークの国宝植物図鑑『フローラダニカ』に掲載の植物を実寸で食器に写した作品です。1800点以上の絢爛たる絵つけのディナーサーヴィスは完成までに5回も焼き入れが必要でした。納品前にエカテリーナ2世が亡くなってしまったため、そのままデンマーク王室に献上され保存されています。日本では1908年より、毎年製作されているイヤープレートも人気です。

色彩が豊かなヘレンドの作品は見ているだけで元気になります。

Herend
ヘレンド

ヘレンドの出世作
ヴィクトリア・ブーケ。

ヘレンド

1826年、ハンガリーのヘレンド村で創業。起業が遅かったヘレンドは、最初は他の窯の作品の修復などで修行を積みます。その名が世界中に轟いたのは、1851年にロンドンで開催された第1回万国博覧会です。ヘレンドの作品が、陶磁器の熱心な蒐集家として有名だったヴィクトリア女王の心を捉えたのです。その時のデザインは女王の名前から、「ヴィクトリア・ブーケ」と名づけられ現在に伝わっています。その後、ハプスブルク家御用達のアウガルテン窯が閉鎖したことをきっかけに、デザインを引き継ぎハプスブルク家御用達となり、エリザベートも使用した「ウィーンの薔薇」の製作も手がけます。他にもナポレオン3世の妻ユジェニーに愛された「インドの華」、アポニー伯爵に献上された「アポニー」など人気の高い作品が多数あります。

食卓を彩るフィギュアの魅力

紅茶を楽しむティーテーブルに色を添えてくれる、愛らしいフィギュア。西洋陶磁の初期の時代から、各窯元はフィギュア作りに力を入れてきました。初期の頃、フィギュアはとても大型でした。しかしサロン文化が発達した18世紀後半に入ると、人を威圧する大型のフィギュアの人気は急速に衰え、小家具の上に気軽に置けるような小さなフィギュアが誕生します。

小型のフィギュアのモチーフは、当時の宮廷生活を反映させたものが人気でした。また農村の村人や、街中の商人の生活を模写したフィギュアも流行します。異なる世界の生活に憧れるのは今も昔も同じ。18世紀後半、王侯貴族たちの間では、擬似農村を所持することが流行。春夏の週末だけを過ごす農村で、王侯貴族たちは庶民になりきり、まるで演劇の舞台のような生活を謳歌したのです。

子どものフィギュアも人気でした。子どもたちは、手の込んだ衣装を身にまとい、天使のような微笑みを浮かべ、理想化されました。

この男女はどんな関係なのかしら? このドレスはいつ頃流行したデザイン? 当時の世相と照らし合わせ、シチュエーションを想像するのもフィギュア鑑賞の面白さの1つです。

王侯貴族のために作られたフィギュアはリアリティーが重視され、15cmほどの小型のフィギュアでも20近いパーツを組み合わせて精巧に製作されています。そのため小さくても一体が何十万円もする作品もあります。

昔も今もフィギュアは卓上の「トーキングツール」として活用される存在。アフタヌーンティーの時間の会話は、目で見える範囲のもので。いない人の噂話や、家族の自慢話、相談ごとなどのお話しは避け、テーブルの上の紅茶、フード、茶器、花、室内のインテリアなど共有できるものからお話しをふくらませるのがエチケットです。その際、フィギュアも大切なトーキングツールとしての役割を果たします。このフィギュアからどんな会話を弾ませよう！ そんな視点でお気に入りを探してみるのもおすすめです。

食卓を華やかにしてくれるフィギュアたち。

Lesson 24

アンティークシルバー

美しい銀器の煌めきは人々を魅了し続けています。ティータイムに彩りを添えてくれるシルバーの世界を紐解いていきましょう。

銀とは

西洋では「銀」は古くから特別な素材として扱われてきました。貨幣、食器、宝飾品などに用いられてきた銀には次のような特徴があります。961・8℃の温度で溶け、材質が柔らかく、成形に適していること。抗菌性があり、毒に反応すること。金属としては匂いがないため、食器に適していること。

複数の銀の総称として「シルバー」という言葉を使います。その中には標準銀と呼ばれる含有率92・5%のスターリングシルバー、特殊銀と呼ばれる95・8%のブリタニアシルバー、そして銀メッキがあります。銀は柔らかい金属のため、100%の純度は細工を施すのに向いていません。そこで硬度を補強するために、銅など他の金属を混ぜて使用します。銅の混入度が多くなれば、より硬く、色調は鈍い灰色に近づいていきます。

銀メッキは、銅に銀メッキをしたOSP(Old Sheffield Plate)と、ニッケルに銀メッキをしたE.P.N.S.(Electro Plate Nickel Silver) が主です。更に金メッキ仕上げ(ヴェルメイユ)と呼ばれる銀の上に金メッキを施した贅沢な銀も残っています。

銀器の口当たりはとても優しく、優美です。口当たりだけではなく、ティーカップやお皿など、食器に対してもダメージが少ないため、高価なティーカップなどには純銀のスプーンを添えるのが理想とされています。また銀は熱伝導もすばらしく、熱いものは熱く、冷たいものは冷たく……。とお料理のおいしさも際立たせてくれます。

アンティークシルバーの茶道具。

英国ホールマーク制度の歴史

長い間貨幣と同等の価値を認められてきた英国銀ですが、それには銀の品質を損なわせないための銀職人が加盟するギルド(商工業者の組合)「ゴールドスミスホール」が設立され、アンティークシルバーの鑑定に欠かせない「ホールマーク制度」ができました。14世紀、ロンドンの本部にて、当時流通していた貨幣(スターリングコイン)と同質の92・5%で製造された銀に、豹の頭のマークを承認印として刻印をすることを決めます。しかし14世紀後半、不正がたえなかったため、工房の親方にも製造責任を負わせるメーカーズマークの刻印が制度化されます。

さらに、1478年、銀器をアッセイ(試金分析)した年を示すデイトレターマークが刻印されるようになります。これは、1年をアルファベット1文字で表し、新しいサイクルごとに字形や枠で変化をつけるという画期的な印でした。

英国の国内での内乱が収束すると、装飾銀器の需要は増し、流通量も増えます。そのため、1544年アッセイオフィスは王室の統治下に入ることになりました。これ以降、王室の紋章に使われているライオンパサント(横を向いて前足をあげているライオン)が標準マークとして使用されるようになります。従来の承認マーク「豹の頭」は、ロンドンのアッセイオフィスのマークに変更されました。

銀の流通が多い都市には次々にアッセイオフィスが設けられました。主なアッセイオフィスはロンドン(1544年~)、バーミンガム(1773年~)、シェフィールド(1773年~)、ヨーク(1560~1856年)、ニューカッスル(1658~1883年)、チェスター(1680~1962年)、エクセター(1570~1882年)、エディンバラ(1556年~)、グラスゴー(1681~1964年)、ダブリン(1638年~)です。

しかし財産隠しや税金逃れのため、貨幣を溶かし装飾用の銀器に変えてしまう不正がなくならず、1627年、貨幣用の銀と区別するために、95.8%の銀の使用が推奨されるようになります。新標準銀にはライオンの頭部、ブリタニア女神のマークが刻印されたため「ブリタニアシルバー」と呼ばれるようになりました。しかしブリタニアシルバーは職人には不評でした。95.8%の銀は純度が高く柔らかすぎ、繊細な細工がしにくくなってしまったからです。1720年、職人の声が反映され、銀の基準はもとの92.5%に戻ります。

さらに1784年には、アメリカ独立戦争による国費不足から銀に税金がかけられるようになり、納税済みの銀器には統治している国王の横顔が刻印されるようになります。このマークはデューティーマークと呼ばれ、ジョージ3世、ジョージ4世、ウィリアム4世、ヴィクトリア女王の横顔が使用されました。この制度は1890年に廃止されています。

独自のルールで銀を管理していた英国ですが、1999年に国際基準に合わせ、標準銀マークには800、925など数字を使用することを決めました。しかし英国人の多くはライオンパサントがない銀はスターリングシルバーではないのでは……と不信感を持つ人もいたため、英国の伝統に添い、各工房は今でも独自にライオンパサントを入れることがほとんどです。

アッセイオフィスマーク
(ロンドン)

1756	A	1849	A	1896	a
1757	B	1850	B	1897	b
1758	C	1851	C	1898	c
1759	D	1852	D	1899	d
1760	E	1853	E	1900	e

デイトレターマーク

ライオンパサントマーク

デザインの歴史

歴史ある英国アンティークシルバーの世界ですが、時代とともに作品やデザインなどの流行、変遷がみられます。18世紀前半は、フランスのロココスタイルのデザインが流行し、当時の君主アン女王がお茶を愛していたことから、純銀製の大振りなサイズのポットが製作されました。女王の大好物であった洋梨の形をしており「クィーン・アン・スタイル」と呼ばれ流行しました。

18世紀半ばには、古典様式が再認識され、古代ギリシャ・ローマに影響を受けたネオクラシカル様式が流行します。ロココの優美なデザインに比べ、ネオクラシカル様式はシャープですっきりしており、知的なデザインともいわれたようです。ブライトカットと呼ばれる技法も好まれました。平らで薄い銀のプレートの表面に、細く細かい線の彫刻を施して陰影をつけて奥行を与えることができるのです。いろいろな角度で彫刻を入れることにより、光が当たるとキラキラと輝くように見えます。

19世紀に入ると再びデコラティブなフランススタイルが流行します。ヴィクトリア女王という、女性が君主だったということもあり、この時代には女性らしい優美且つ豪華なデザインが流行します。アフタヌーンティーの文化が始まったことにより、銀を使った茶道具もたくさん作られるようになります。

20世紀に入ると世界大戦の影響もあり、アール・デコスタイルと呼ばれる、直線的で機能美に特化したシンプルなデザインが多くなります。

時代ごとの流行はありますが、流行というのは何度も繰り返すもの。自分の好みのデザインで選ぶのもよいですが、持っているティーカップのデザインに合わせてシルバースプーン選びをしてみるのも一興です。

絵画の中にも素晴らしいシルバーの茶器が描かれています。

特別な作品は専用のボックスに入れられて販売されました。

スターリングシルバー製のシュガーボウル。内側には金がメッキされています。

日々のレッスンで活躍してくれているスターリングシルバーのティーポットたち。

宝石のように美しいスターリングシルバー製のキャディスプーン。

グラスの基礎

アイスティーを飲む際のグラス。ティーカップと同じく、グラスにもこだわりを持つことで、とびきりおいしいアイスティーを楽しんでください。

素材によるグラスの違い

ガラス素地の原料が異なると、グラスの重さ、薄さ、耐久性、装飾の仕様が大きく変化します。代表的なガラスの素地3種類について知識を深めましょう（右下表参照）。

グラスの装飾

クリアなグラスは、装飾を施すことで魅力が増します。代表的な技法を紹介します。

エッチング

ガラス表面に貼った保護膜の模様部分を削り、薬液に浸し腐食させます。腐食時間を加減することで、深く削り込んだりつや消しにしたりと、容易に様々な模様を施すことができます。最近では、薬品の危険性からサンドブラストでの装飾も人気です。

カットガラス

ガラスに彫刻や切り込み細工を施したもの。ガラスの表面に様々なパターンの幾何学模様を彫り込む

素材によるグラスの違い

	素材		
	ソーダガラス	カリガラス	クリスタルガラス
原料	珪石+ソーダ灰	珪石+ソーダ灰+カリウム	珪石+ソーダ灰+カリウム+鉛 フルレッドクリスタル：酸化鉛 30%以上 レッドクリスタル：酸化鉛 24%以上 セミレッドクリスタル：酸化鉛 10%以上
時代	紀元前	中世	産業革命時
発展国	メソポタミア、イタリア	中欧ヨーロッパ	英国、フランス
加工難易度	融点が低く加工しやすい	融点が高く加工しにくい	ソーダガラスとカリガラスの中間
透明度	不透明	透明	高い透明性
耐久性	気泡が入ってしまうためもろい	気泡が入りにくいため硬い	ソーダガラスとカリガラスの中間
配色	簡単	難しい	難しい
耐酸	酸に弱い	酸に強い	酸に弱い
エッチング	可能	難しい	可能
カット	難しい（ペンチワークは可能）	可能だが時間がかかる	可能
彫刻	難しい	可能だが時間がかかる	可能
絵付け	エナメル色彩	エナメル色彩	エナメル色彩
用途	日常食器、窓ガラス、保存ビン	食器、メガネのレンズ、シャーレ	食器、工芸品
価格	装飾がないものに関しては安価	高価	カットの多さや鉛の含有率による

硼珪酸《ほうけいさん》ガラス(耐熱硝子)：ソーダガラスに硼珪酸《ほうけいさん》を加えて作られる。耐久性に優れ、高温に耐えることができるため、食器洗い機に対応できることで、現代では人気の素地です。実験機器用のガラス製品に用いられることも多い。

ことにより、ガラス面に複雑な光の反射が生まれ、きらめく効果が得られます。

エングレーヴィング

もとは水晶を彫るための技法で、銅製の円盤に研磨剤をつけて回転させ、ガラスを押しつけて表面を少しずつ削りながら彫刻していく技法です。細かく柔らかな曲線を描くことができるので、繊細で微妙な表現も可能です。

グラスのお手入れ方法

45℃前後のやや熱めの湯を使って洗うと良いでしょう。軟らかいソーダガラスやクリスタルガラスは食器洗い機に入れると、傷がつき、白く曇る原因になるので注意しましょう。

また、洗い終わったグラスを置く時は、必ず飲む時と同じく上を向けて置いてください。グラスは使用時に安定するよう、ベースと呼ばれる一番下の円盤状の部分が重くなっています。逆立ちさせるとぐらぐらと倒れやすくなり、倒れた際に重い部分が隣のグラスにぶつかって破損することが多くなります。そしてグラスは濡れていない、吸水性がよく、大判でやや薄手の布巾で、グラスが温かいうちに拭きましょう。温かいうちに拭くと、水滴が残らず美しく光ります。布巾が濡れているとグラスに引っかかり、破損の原因になります。

グラスの形状を楽しむ

私たちが「甘い」「渋い」「酸っぱい」などと感じる味覚は、液体が触れる「舌」で感じます。舌はどの部分も平均的に味を感じているのではなく、特に強く味を感じ取る部位(舌先は甘み、両脇は酸味、舌根は苦み)があります。

口径が広く背が低いグラスは特徴上、飲み物を飲む際にグラスを傾ける角度が少なく、液体が太くゆっくりと舌の上を流れるため、渋みを感じる部位がより多く刺激されます。渋みが苦手な方や、渋みが特徴の飲み物にはあまり適さないといえるでしょう。しかし背が低いグラスは飲み物の色を透明感溢れるものにし、口径が広いことから一瞬の香り立ちがとても豊かになりますので、飲み物の香りを重視したい時にはおすすめです。

反対に口径が狭く背が高いグラスは、飲み物を飲む際にグラスを傾ける角度が大きくなり、液体は口の中にすっと流れこみ、渋みを感じる前に喉に流れていきます。切れ味のよい、やや渋めの飲み物はおいしくいただけますが、個性の少ないライトな飲み物はやや物足りなく、水っぽく感じることもあります。こちらはティーカップと同様に楽しむことができます。

難しいなと感じる方は、まずは各メーカーが推奨している飲み方を実践してみるとよいでしょう。シャンパングラスと書いてあるならば、シャンパンを飲んでみる、ビアグラスと書いてあるならばビールを飲んでみる、冷茶グラスと書いてあるならば、冷たい緑茶を飲んでみる……など。ただ残念ながらアイスティー用のグラスは販売されていないのが実情。お気に入りのアイスティーにピッタリのグラスを自分で見つけてみてください。

代表的なグラスブランド

ヴェネチアン・グラス

ヴェネチアン・グラスの素地はソーダガラスです。13世紀のヴェネチアでは、技術が他国に漏れコピー製品が作られることを防止するため、すべてのガラス工房がムラーノ島に移され管理されました。ヴェルサイユ宮殿の「鏡の間」は、難攻不落のムラーノ島から12名の職人を連れ出して製作したといわれています。

ボヘミア

13世紀にボヘミア地方の修道院で始まったボヘミアガラスの歴史はソーダガラスから始まり、17世紀後半には、ブナ材を燃やして作るカリガラス、18世紀後半からはクリスタルガラスとガラスの素地も変遷していきます。ボヘミアグラスは、緻密で繊細なレース編みのようなカットが特徴で、1923年にプロストジェドニークが生み出した「500PK」は最高のカットデザインとして現在も受け継がれています。1857年に創業して以来、王のグラスとして世界中の王侯貴族を魅了したカリガラスのメーカーのモーゼルは特に有名です。

ロブマイヤー

1823年に創業したロブマイヤーは、シャンデリアとグラスのカリガラスのメーカーです。1860年にハプスブルク家皇室御用達の称号を授与されて以降、王宮に納品した多くの品は今もウィーンのホーフブルグ宮に保管されています。紀元前1世紀に発明された吹きガラス製法を継承し、超絶極薄の「モスリングラス」は他の工房に類を見ない完成度です。

上：ヴェネチアン・グラス。レトロな雰囲気が魅力です。

右：ボヘミアの「500PK」のデザインのティーカップ。
中：バロック調のデザインが美しいロブマイヤーの「マリアテレジア」。
左：リーデルの手吹きの作品。漆を模したデザインが美しい。

リーデル

リーデルはクリスタルガラスのメーカーです。1756年の創業以降、リーデル家による11代にわたる家族経営を守り続けています。リーデルはグラスの形状により飲料の風味が変化することに注目し、1973年にワインの味を最高に楽しむためのフォルムを追求したソムリエシリーズを発表します。その後、さらに飲み物の風味を引き立たせるため、ブドウの品種別のグラス製作を始め、レストランやホテルで絶大な支持を得ています。

マイセン

マイセンのグラスの歴史はカリガラスから始まっています。長年、ドイツの王侯貴族の食卓を支えましたが、ガラス工房は、20世紀、一時期衰退します。1947年に復興した後、クリスタルガラスに転換しています。1970年代になり、マイセン磁器の図柄をグラスに彫刻することが許可されてから、「ブルーオニオン」や「マイセンフラワー」などの伝統的な図柄をモチーフに作品を発表。マイセン窯との密接な関係が、マイセンクリスタルの魅力を更に高めています。

バカラ

1764年フランス北東部ロレーヌ地方バカラ村に誕生したバカラは、初期はカリガラスを製造していましたが、1817年から屈折率、透明度の高い、鉛を使ったクリスタルガラスに移行します。1823年のパリ国民博覧会で金賞を受賞したことがきっかけで「王者たちのクリスタル」と称賛されるようになります。1825年にアルクール公爵により発注された「アルクール」はロゴマークとしても活用されています。

ウォーターフォード

1783年、アイルランドのウォーターフォード市に創業したクリスタルガラスのメーカー。英国王ジョージ3世から特別注文を受けたのをきっかけに、英国の貴族や富豪の間でも注目され、1851年のロンドン万博で評価を定着させました。1986年、ウェッジウッドと合併したことをきっかけに、ウェッジウッド、ロイヤルドルトン、ミントン、ロイヤルアルバートなど数多くの陶磁器ブランドとのコラボレート作品も製作されました。

右：マイセングラス。マイセン磁器で人気のバラを彫刻した作品。
中：バカラのロゴマークになっているデザイン「アルクール」。
左：カットが美しいウォーターフォードの「リズモ3」。

Lesson 26

ティーパーティーの開き方

これまで学んできた知識を駆使して、実際にアフタヌーンティーパーティーを開いてみましょう。

アフタヌーンティーの始まり

現在、アフタヌーンティーというとホテルやティールームなど外で楽しむイメージを持つ方が多いと思いますが、もともとは19世紀半ばに英国貴族の自宅で始まった習慣です。7代目ベッドフォード公爵夫人アンナ・マリアが、朝食から夕食の間の空腹に耐えかねて、夕方17時頃紅茶とバターつきのパンやサンドウィッチなどの軽食をとったのがアフタヌーンティーの始まりとされています。初めはプライベートな部屋で、1人で過ごしていたティータイムでしたが、次第に親しい友人を招いてドローイングルームと呼ばれた応接間で楽しくおしゃべりなどをしながら過ごすようになります。午後のお茶を楽しむ輪が広がっていくと、次第に貴族の女性の間に「パーティー前、夕食前のお茶の時間」が浸透し始め、優雅な社交の場として定着しました。

アフタヌーンティーを楽しむための準備

会場は自宅が一番

アフタヌーンティーは、大切なコミュニケーションの場。最大のおもてなしの場は昔も今も「家庭」です。準備や後片づけなどは手間のかかることですが、自宅にお招きすることで親密さも上がります。人を自宅に呼ぶ際にもっとも気になるのがハウスキーピング。ハウスキーピングはおいしいお茶の基本だといわれています。いざ人を呼ぶ時に「掃除を考えると腰が重くて」とならないように、日々の家事にいそしみましょう。

ゲストに合わせた茶器のセレクト

食事は目でもするもの。ティーテーブルを素敵に演出するのも大切です。季節や色などテーマを決めて、クロスや花などテーブル全体をコーディネートします。また、ゲストに合わせたデザインの器を揃えておくのもおすすめです。

おいしい紅茶を淹れる

ティーパーティーですので、おいしい紅茶を淹れることは必須です。主催者はなるべく席を立たずに、紅茶はゲストが見ている目の前で堂々と淹れられることが理想です。多人数に対応できる大きめのポットを用意しておくのもよいでしょう。

ティーフードを用意する

ティーフードはゲストの人数分よりやや多めに。足りなくなるよりは、残るくらいがちょうどよいとされています。手作りでなくとも、一緒に楽しみたいものなど気持ちのこもったものを用意しましょう。フードは、フィンガーサイズが理想です。手でつまめるもの、フォークのみで食べられるものを用意しましょう。フードが主役ではなく、会話が主役です。品よく食べられて、おしゃべりを楽しめるように心がけましょう。

もてなし上手 もてなされ上手に

お土産の配慮

手ぶらで大丈夫ですよといわれても、気持ちの上ではなかなか難しいものです。当日の主催者側の負担を考え、生ものは避ける、花瓶に生けなくてはならない花束は避けるなど相手の立場にたって準備しましょう。常温保存できるもの、賞味期限の長いものはおすすめです。また高額なものは気を遣わせてしまうので避けましょう。

ゲストの多いパーティーでは、どな

たからいただいたお土産かわからなくなってしまうこともあります。後日お礼の気持ちとともに贈るのもおすすめです。また、当日会場に早く到着してしまうと、相手を焦らせてしまいます。時間のゆとりをプレゼントする気持ちで臨みましょう。

会話の配慮

パーティーの最大の楽しみは会話です。その場に合った会話を楽しめるように日頃から見聞を広めておきましょう。お茶の時間はお茶のお話を心がけて、紅茶、ティーウェア、お花、部屋のインテリアなどから会話を広げてみましょう。褒め上手になることが会話上手のコツです。そして、会話から興味を持ったこと、教えてもらったことは実践し、後日相手に伝えてみましょう、きっと喜んでいただけるはずです。

主催者側はゲストに目を配り、一人になってしまっている方がいないか、全員が理解できる会話になっているか気を配りましょう。皆が盛り上がれるように部屋にフォーカルポイントになるディスプレイコーナーを設けたり、トーキングアイテムとなるような本、写真、テーブルウエア、フィギュアなどをテーブルの上に置いておくのもおすすめです。ゲストに聞かれて困るものは、しまっておきましょう。インテリアやテーブルセッティングなどを褒められたら、素直に感謝の気持ちを伝えましょう。過度な謙遜は場を盛り下げてしまいます。

パーティーのお礼はパーティーで

パーティー終了後には、お礼を述べてから帰宅するとは思いますが、後日改めてメッセージを送ると、より気持ちも伝わることでしょう。そして、おもてなしを受けたらおもてなしでお返しするというのがマナー。いつも同じ家に負担がかからないように、持ち回りで楽しんでいくうちに、準備や片づけ、おもてなしの心遣いなどが身についていきます。

慣れないと失敗はつきものです。ノートに反省事項も含め、ゲストとの会話、好みなどパーティーで仕入れた情報を記録しておき、次回の参考にしましょう。失敗を恐れずに、ぜひ皆さんのプライベートな空間で、おいしい紅茶とともに大切な方をおもてなししてあげてください。

ベッドフォード公爵夫人アンナ・マリアの肖像画。

季節のティーパーティー

おもてなし Tea Party Sweets 英国菓子

Spring Party
春のおもてなし

ラズベリーづくしのアフタヌーンティー

春は出会いの季節。
初めてのお客様とティータイムを楽しむ時には、
クラシカルなメニューでのおもてなしがおすすめ。
香りの余韻が豊かなダージリンティーや
癖のないキャンディなどのペアリングを試してみて。

Menu
メニュー

ヴィクトリア
サンドウィッチ

ジャムサンド

スコーン

ロイヤルクラウンダービー
ロンバルディ

*スコーンの作り方は
154ページに掲載

Victoria Sandwich Cake

ヴィクトリアサンドウィッチケーキ

英国菓子の基本となるケーキ。
英国式にサンドウィッチティンを使います。

材料（18cm丸型サンドウィッチティン2個・1台分）

無塩バター……115g
細目グラニュー糖……115g
卵……115g
薄力粉……145g
ベーキングパウダー……9g
低温殺菌牛乳……60mL

フィリング

無塩バター……55g
粉糖……55g
ラズベリージャム
（市販品または127ページ参照）……80g

下準備

- 無塩バター、卵、低温殺菌牛乳を常温に戻しておく。
- オーブンを170℃に予熱しておく。
- 型の内側に薄く無塩バターを塗り、側面に薄力粉（分量外）をまぶしておく。底にクッキングシートを敷いておく。

作り方

1 大きめのボウルに無塩バターを入れて、ハンドミキサーで柔らかくする。細目グラニュー糖を一度に加え、空気を含んで白っぽくなるまで撹拌する。
2 溶いた卵を1に数回に分けて混ぜる。
3 2に薄力粉とベーキングパウダーをふるい入れ、ゴムベラで切るように混ぜる。
4 3に低温殺菌牛乳を加えて混ぜ、サンドウィッチティンに、生地を2等分にして入れ、予熱しておいた170℃のオーブンで20〜25分焼く。
5 オーブンから取り出し、型に入れたまま冷ます。

仕上げ

1 ボウルに無塩バターを入れ、ハンドミキサーで柔らかくなるまで混ぜる。ふるった粉糖を加え、空気を含んで白っぽくなるまで撹拌する。
2 冷めたスポンジに1枚はジャム、もう1枚は1を塗り、重ね合わせる。
3 粉糖（分量外）を2の上部にまんべんなくふるいかける。

ポイント

薄いサンドウィッチティンを使いスポンジケーキを2枚焼くことで、焼きむらがなくきれいなスポンジケーキができあがります。また、ケーキを切り分ける手間がなく2枚のスポンジを重ね合わせることができます。イギリスでは専用のサンドウィッチティンが売られています。

紅茶のペアリング

ダージリン・セカンド
ダージリン・オータムナル
ディンブラミルクティー

材料（5cm菊型×20個分）

薄力粉 …… 130g
アーモンドパウダー …… 70g
粉糖 …… 70g
無塩バター …… 85g
卵黄 …… 20g
低温殺菌牛乳 …… 10mL
ラズベリージャム
（市販品または手作りのもの）…… 適量

おもてなし Tea Party Sweets 英国菓子

Jam Sand
ジャムサンド

イギリスでは大人も子どもも大好物！
2枚のビスケットに、ラズベリージャムをサンドします。

紅茶のペアリング

ダージリン・セカンド
ダージリン・オータムナル
キャンディ

Raspberry Jam
ラズベリージャム

ジャムを手作りしたい場合は、
以下の材料とレシピで。
ひと手間かかりますが、
ホームメイドの味は格別です。

材料（作りやすい分量）

ラズベリー……100g
細目グラニュー糖……60g
レモン汁……小さじ1/2

作り方

1 鍋にラズベリーを入れ、細目グラニュー糖をラズベリー全体にまぶし蓋をして、水分が出るまで半日おいておく。
2 中火〜強火にかけ、木べらでかき混ぜ、あくが出てきたら取る。
3 好みの固さまで煮詰めたら、レモン汁を加え沸騰したら火を止める。
4 煮沸消毒した瓶に詰めて冷蔵庫にて保管。2週間以内に使い切る。

下準備

- オーブンを170℃に予熱しておく。
- 無塩バターを1cm角にカットして冷蔵庫で冷やしておく。

作り方

1 ボウルに薄力粉、アーモンドパウダー、粉糖を合わせてふるい、下準備したバターを加え、素早くすり混ぜる。
2 溶いた卵黄に低温殺菌牛乳をあわせて1に加えて混ぜ、ひとまとめにする。
3 2の生地をラップに包み、冷蔵庫で1時間寝かせた後、3mmの厚さに伸ばし冷凍庫で30分寝かせる。
4 3の生地を菊型で40枚抜き、抜いた生地の半量はさらに真ん中を好みの型で抜く。
5 天板にクッキングシートを敷き、抜いた生地を天板に並べ、もう1枚の天板をひっくり返して上からかぶせ、170℃に予熱したオーブンに入れて約10分焼く。
6 上にかぶせた天板を外し、さらに1〜2分ほど焼き、網の上にのせ冷ます。
7 穴があいていない生地の中央にジャムをのせ、穴があいている方を重ねる。

ポイント

Cha Tea紅茶教室では、生地の中央を抜く時に、ティーカップやティーポット形の型を使っています。またイースターの季節には、ウサギやヒヨコの型なども使っています。

季節のティーパーティー

おもてなし Tea Party Sweets 英国菓子

Summer Party 夏のおもてなし

夏の社交　ピクニックティー

夏はさわやかさを感じられるスイーツや紅茶がおすすめ。
庭やベランダでのティータイムもワクワクしますね。
アイスティーにも向いているディンブラ、キャンディ、ニルギリ、ヌワラエリヤを
上手に活かしてペアリングしてみましょう。

Menu
メニュー

レモンケーキ

紅茶ムース＆ゼリー

紅茶のスコーン

ポルトガル陶器
ボルダロピニェイロ

おもてなし Tea Party Sweets 英国菓子

Lemon Cake
レモンケーキ

ケーキ生地にレモンをたっぷり、
さらにアイシングをトッピング。
さわやかな甘酸っぱさをたっぷりと。

紅茶のペアリング

- ニルギリ
- キームン
- ヌワラエリヤ

材料（18cm丸型1台分）

無塩バター……135g
細目グラニュー糖……200g
卵……110g
薄力粉……200g
ベーキングパウダー……8g
レモンの皮（ノーワックス、国産無農薬品を使用）……1個
バニラビーンズ……3cm
低温殺菌牛乳……90mL

レモンアイシング

粉糖……100g
レモン汁……15～25mL
レモンの皮……1/2個

下準備

- 無塩バター、卵、低温殺菌牛乳は常温に戻しておく。
- 丸型にクッキングシートを敷いておく。
- レモンの皮をすりおろす。
- バニラビーンズはさやを縦に切り、種をナイフでこそげとる。
- オーブンを170℃に予熱しておく。

作り方

1 細目グラニュー糖にレモンの皮をすりおろしたもの、バニラビーンズの種を合わせて香りを移しておく。
2 ボウルに無塩バターを入れ、ハンドミキサーでなめらかになるまで混ざったら1を加え、さらにハンドミキサーで攪拌する。
3 空気を含んで白っぽくなるまで攪拌したら、溶いた卵を少しずつ加え、その都度ハンドミキサーで攪拌する。
4 薄力粉とベーキングパウダーを合わせたものを3回に分けてふるい入れ、その都度ゴムベラで切るように混ぜる。
5 低温殺菌牛乳を3回に分けて加え、その都度できるだけ少ない回数で混ぜる。
6 型に生地を入れ、170℃に予熱したオーブンで50～60分焼く。
7 焼きあがったら型から外して冷まし、ケーキの上部を平らにカットし、上下を返してケーキの表面にレモンアイシングをかける。

レモンアイシングの作り方

ボウルに粉糖とレモン汁、レモンの皮を加え、ゴムベラでよく混ぜる。

おもてなし Tea Party Sweets 英国菓子

Tea mousse & jelly
紅茶ムース＆ゼリー

濃厚なムースと、
さわやかなゼリー。
アッサム＆キームンの
ベストマッチ。

紅茶のペアリング

アッサムミルクティー
キームンミルクティー
キャンディ

作り方

1 ゼリーを作る。ボウルに細目グラニュー糖を入れて、下準備で用意した茶液が温かいうちに粉ゼラチンを加え、よく混ぜる。

2 1を氷水で冷やしとろみが出てきたら、容器に大さじ1を入れ、冷蔵庫で冷やし固める。

3 ムースを作る。アッサムの茶葉をボウルに入れ、熱湯40mLを全体にいきわたるようにかけふやかしておく。

4 鍋に低温殺菌牛乳を入れて沸騰直前まで温め、3を加えて蓋をして、5分蒸らす。

5 4を茶こしに通してボウルに移し、細目グラニュー糖、粉ゼラチンを加えよく混ぜる。

6 5を氷水にあてながら粗熱を取り、冷蔵庫で1時間半冷やし固める。

7 別のボウルに冷えた生クリームを入れ、6と同じくらいのとろみがつくまで撹拌する。

8 6と7を合わせ、均一に混ぜる。

仕上げ

ゼリーを入れた容器にムースを容器の8分目まで流し入れ、再度冷蔵庫で冷やし固める。

材料（容器量130g×10個分）

ゼリー

茶葉（キームン）……3g
粉ゼラチン……2.5g
細目グラニュー糖……15g
熱湯……170mL

ムース

粉ゼラチン……12g
低温殺菌牛乳……600mL
茶葉（アッサム）……18g
熱湯……40mL
細目グラニュー糖……90g
生クリーム……80mL

下準備

- ティーポットにキームンの茶葉3gと熱湯170mLを注いで2分半蒸らし、茶こしでこしながら150mLの茶液を作る。

Tea Scone
紅茶のスコーン

紅茶店ならではのオリジナル。
高級茶葉を
たっぷりと使って。

紅茶のペアリング

- ディンブラミルクティー
- アッサムミルクティー
- ルフナミルクティー

作り方

1 薄力粉と細目グラニュー糖、ベーキングパウダーを合わせてふるい、小さく切った冷たい無塩バターを加え粉状になるまで指先ですり合わせたら、細目グラニュー糖と塩を入れて混ぜる。

2 1に下準備で用意したディンブラBOPの茶葉を入れ、生地に切り混ぜてなじませてからロイヤルミルクティーを少しずつ加え（大さじ1は残す）、生地をボウルに押し当てながら混ぜていく。生地がまとまってきたら、1〜2回こねてから生地をまとめ、ラップをして冷蔵庫で30分寝かせる。

※ 手順4で使用するロイヤルミルクティー大さじ1をとっておくこと。

3 生地を平らに伸ばし、厚さ約3cmにしてから薄力粉（分量外）をつけた丸型で抜く。

4 天板にクッキングシートを敷き、3の型抜きした生地を等間隔に並べる。卵とロイヤルミルクティー大さじ1を混ぜてつや出し用の卵液を作り、生地の上部にハケで塗る。

5 210℃に予熱したオーブンの上段で約10分、その後下段に天板を移して、180℃で約10分焼く。

※ 詳しい手順は、154ページ「スコーンの作り方」参照。

材料（5.5cm丸型　約10個分）

薄力粉……690g
ベーキングパウダー……18g
無塩バター……150g
細目グラニュー糖……150g
塩……6g
卵……1個

低温殺菌牛乳……340mL
茶葉（ディンブラBOP）……60g
熱湯……250mL

下準備

- ロイヤルミルクティーを作る。

1 ディンブラBOPをボウルに入れ、熱湯を入れて茶葉をふやかしておく。
2 鍋に低温殺菌牛乳を入れて、沸騰直前まで温める。
3 2に1のふやかした茶葉を入れ、蓋をして3分蒸らす。
4 茶こしで茶葉と紅茶を分け、茶葉の水気をしっかりきって、茶葉とミルクティーを冷ましておく。

- オーブンを210℃に予熱しておく。

Menu
メニュー

ドーセットアップルケーキ
紅茶のパウンドケーキ
トリークルタルト

ヘレンド
フルーツコンポジション

＊トリークルタルトの作り方は
174ページに掲載

季節のティーパーティー

Autumn Party
秋のおもてなし

秋の実りを祝うオータムアフタヌーンティー

茶色のお菓子がおいしく感じられる秋のシーズン。
ミルクティーがおいしくなる季節でもあります。
アッサム、ルフナ、キャンディ、キームン……
コクを感じられる紅茶とともに、親しい方とおしゃべりを楽しんで。

Tea Pound Cake

紅茶のパウンドケーキ

紅茶教室オリジナルのケーキです。
キャンディ茶葉をたっぷり使いました。

紅茶のペアリング

- キャンディ
- ウバミルクティー
- ディンブラミルクティー

作り方

1 ボウルに無塩バターを入れ、ハンドミキサーでなめらかになるまで混ぜる。
2 1に細目グラニュー糖を3回に分けて加え、その都度ハンドミキサーで撹拌する。
3 2を空気を含ませ白っぽくなるまで撹拌したら、下準備で用意した卵液を少しずつ加え、その都度ハンドミキサーで撹拌する。
4 3に薄力粉とベーキングパウダーを合わせたものを3回に分けてふるい入れ、その都度ゴムベラで切るようによく混ぜる。
5 型に4の生地を入れ、180℃に予熱したオーブンで約50分焼く。
6 焼きあがったら網の上に置き、冷めたら型から外す。

材料（17cmパウンド型1台分）

無塩バター …… 108g
細目グラニュー糖 …… 126g
茶葉（キャンディ） …… 15g
熱湯 …… 35mL
卵 …… 108g
薄力粉 …… 108g
ベーキングパウダー …… 2.5g

下準備

- 無塩バターを常温に戻しておく。
- キャンディの茶葉をミルなど使い、細かく粉砕する。
- ボウルに粉砕した茶葉を入れ、熱湯をかけて茶葉をふやかしておく。
- 卵を溶いて下準備で用意した茶葉を加え、卵液を作る。
- 型にクッキングシートを敷いておく。
- オーブンを180℃に予熱しておく。

おもてなし Tea Party Sweets 英国菓子

Dorset Apple Cake
ドーセットアップルケーキ

イギリスの南部、ドーセットはリンゴの名産地
とてもポピュラーなイギリスの家庭菓子です。

紅茶のペアリング

アッサムミルクティー
ウバミルクティー
ニルギリ

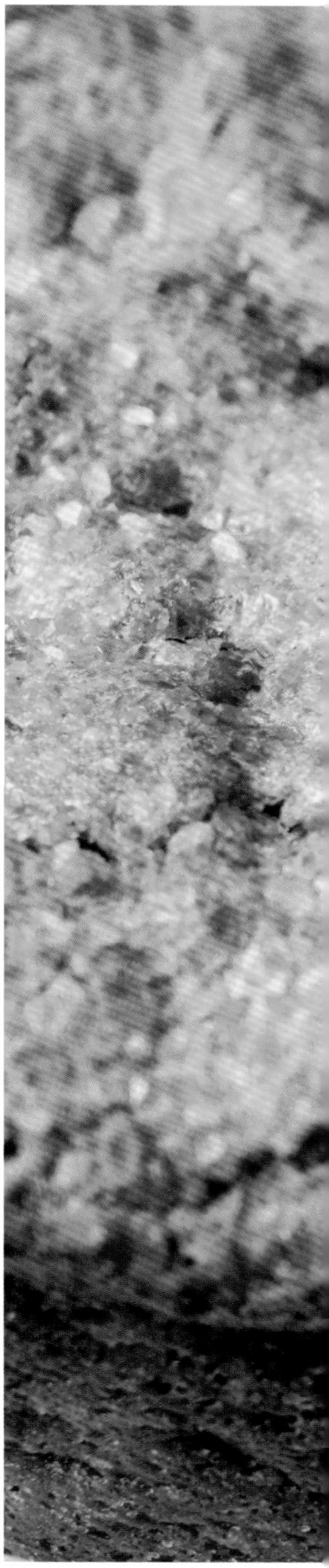

下準備

- 無塩バターと卵は常温に戻しておく。
- 型にクッキングシートを敷いておく。
- リンゴは皮をむき5mm角にカットしておく。
- オーブンを170℃に予熱しておく。

作り方

1 ボウルに無塩バターを入れ、ハンドミキサーでなめらかになるまで混ぜる。

2 バターの塊がなくなりなめらかになったら、ブラウンシュガーを加えハンドミキサーで攪拌する。

3 溶いた卵を2に少しずつ加え、その都度ハンドミキサーで攪拌する。

4 薄力粉、アーモンドパウダー、ベーキングパウダー、ミックススパイス、シナモンを合わせたものを3回に分けて3にふるい入れ、その都度ヘラでよく混ぜてから、低温殺菌牛乳を加える。

5 4に5mm角にカットしたリンゴを加え、全体がなめらかになるまで混ぜる。

6 型に生地を入れ、コーヒーシュガーをふりかけて、170℃に予熱したオーブンで60〜70分焼く。

7 焼きあがったら型のまま冷ます。

材料（18cm丸型1台分）

無塩バター……150g
ブラウンシュガー……180g
卵……100g
薄力粉……190 g
アーモンドパウダー……45g
ベーキングパウダー……10g
ミックススパイス……小さじ1/2
シナモン……小さじ1/2
低温殺菌牛乳……30mL
リンゴ……270g
コーヒーシュガー……適量

ミックススパイス

英国菓子は、スパイスをよく使います。スパイス単品よりも、好みのスパイスを混ぜ合わせ、ミックススパイスとして使います。基本の材料は、シナモン15g、ジンジャー10g、クローブ5g、ナツメグ1gを混ぜ合わせて作ります。

Merry Christmas

Menu
メニュー

ミンスパイ
クリスマスプディング

スポード
クリスマスツリー

季節のティーパーティー

Winter Party
冬のおもてなし

クリスマスパーティー

クリスマス気分が盛り上がること間違いなし。
デザート感覚でも楽しんで。

Mince Pie
ミンスパイ

イギリスのクリスマスに欠かせない、小さなパイ
ミンスミートをたっぷり入れて。

材料（タルト型6.5cm×20個分）

ミンスミート（フィリング）

- レーズン …… 120g
- サルタナレーズン …… 95g
- カレンツ …… 65g
- クランベリー …… 30g
- オレンジピール …… 40g
- リンゴ …… 130g
- オレンジの果汁 …… 1/2個分
- レモンの皮・果汁 …… 各1/2個分
- アーモンドパウダー …… 25g
- ブラウンシュガー …… 40g
- 無塩バター …… 40g
- シナモン …… 適量
- クローブ …… 適量
- 塩 …… 1g
- ブランデー …… 10mL

パイ生地

- 薄力粉 …… 300g
- 塩 …… 0.5g
- 無塩バター …… 150g
- 細目グラニュー糖 …… 45g
- 卵 …… 45g

下準備

- ミンスミートを作る。ドライフルーツとリンゴを粗みじん切りにし、ブランデー以外の材料を鍋に入れ、弱めの中火で10分加熱した後冷ましてから、ブランデーを加える。
- オーブンを180℃に予熱しておく。

作り方

1 なるべく大きめのボウルに、薄力粉と塩を入れ軽く混ぜる。

2 1に無塩バターを加え、カードでバターを切るように細かくした後、両手の指先を使って手早くバターをすり混ぜる。

3 中央にくぼみを作り、卵を入れ、カードで切るように全体に水分をいきわたらせる。

4 生地をまとめてラップで包み、冷蔵庫で1時間休ませる。

5 4を2mmの厚さに伸ばして、タルト型の大きさより一回り大きい菊型で1枚、もう1枚はタルト型と同じ大きさの星型で抜く。

6 タルト型の底に5の菊型で抜いた生地を敷き、ミンスミートを15g入れて、5の星型に抜いた生地をかぶせて、水（分量外）をハケで生地の上部に塗り、細目グラニュー糖をふりかけ、180℃に予熱したオーブンで約20分焼く。

紅茶のペアリング

- アッサムミルクティー
- ルフナミルクティー
- キームン

紅茶のペアリング

- アッサムミルクティー
- ルフナミルクティー
- ウバミルクティー

おもてなし Tea Party Sweets 英国菓子

Christmas Pudding
クリスマスプディング

クリスマスを彩る、伝統的なお菓子
クロテッドクリームやアイスを添えて。

材料（100g容器×8個分）

フルーツマリネ用

レーズン …… 150g
サルタナレーズン …… 120g
カラント …… 30g
オレンジピール …… 50g
レモンピール …… 20g
茶葉（アッサム） …… 3g
熱湯 …… 150mL
ラム酒 …… 15mL
ミックススパイス …… 6g
（137ページ参照）

プディング用

薄力粉 …… 30g
生パン粉 …… 30g
アーモンドパウダー …… 30g
無塩バター …… 90g
ブラウンシュガー …… 45g
黒糖 …… 15g
ハチミツ …… 12g
卵 …… 120g
リンゴ …… 30g
プディング型用
無塩バター …… 適量

クッキングシート …… 適宜
アルミホイル …… 適宜
タコ糸 …… 適宜

下準備

- フルーツマリネを作る。アッサム3gに150mLの熱湯を注ぎ、3分抽出して茶液を作る。オレンジピール、レモンピールは細かく刻み、すべての材料を合わせて茶液を注ぎ、保存容器に入れ一晩おく。
- 型の準備をする。耐熱容器の内側に無塩バターを塗っておく。
- 無塩バターは常温に戻す。

作り方

1 リンゴはすりおろし、プディング用材料のすべてをボウルに合わせ、よく混ぜる。

プディング型の包み方

1
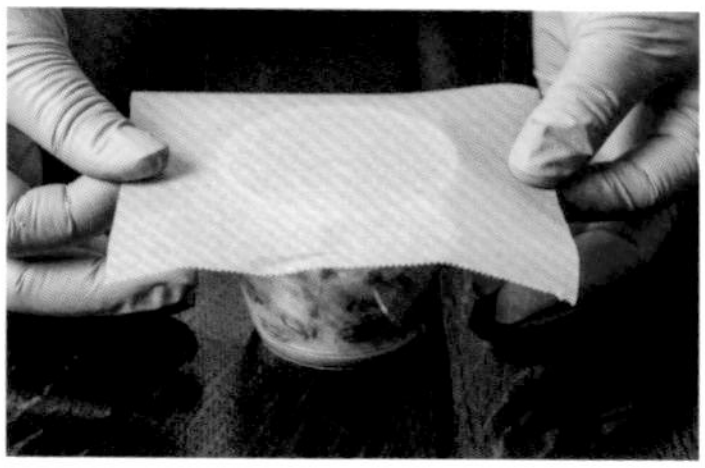

長方形にカットしたクッキングシートで蓋をする。

2

さらに長方形のアルミホイルで包む。

3

タコ糸で周囲を縛る。周囲を2周する。

4

縦に糸をまわし2周して縛る。

5

蒸しあがった時に取り出しやすいように、やや長めに最後を縛ること。

2 用意しておいたフルーツマリネを1に加え、さらに混ぜる。

3 用意しておいた耐熱容器に、2の生地を詰めてクッキングシートなどで包んで蓋をする。

4 生地を蒸す。深めの鍋に網などを敷き3を入れ、沸騰した湯を容器の半分くらいの高さまで注ぎ、蓋をして弱火で3時間ほど蒸す。途中必要なら、お湯をたす。

5 蒸しあがったら新しいクッキングペーパーとアルミホイルで包み直し、冷暗所で保管。1ヵ月以内に食べる。

6 食べる時は、作った時と同じように1時間ほど蒸して温め直すか、ラップに包み直してから電子レンジ600Wで1分温める。容器から外し、クロテッドクリームやアイスクリーム等を添える。

紅茶をめぐる旅

Cha Tea紅茶教室では、紅茶やお菓子情報を収集するために、定期的に研修旅行に出かけます。「紅茶」をテーマに、ティールームから山間部の茶畑まで探求心のおもむくままに現地を訪れます。研修旅行で得た知見は、マスタークラスの講義（87ページ）に反映されることも多く、生徒さんも楽しみにしてくださっています。今回は代表・立川が訪れた茶産地のこと、そして古城でのアフタヌーンティーのエピソードをご紹介します。

◆茶産地の魅力

紅茶と緑茶が同じお茶の樹から作られていることを知ったのは、紅茶教室に通ってからでした。もともと好きだったアジアの旅。紅茶好きになってからは、都市部だけでなく、茶産地にまで足を延ばすようになります。スリランカ、インド、マレーシア、ネパール、台湾、中国、もちろん日本国内も。茶産地訪問は「今の紅茶作りはこんな製茶工程で行われている」という知識のアップデートが目的。自分たちがレクチャーしている紅茶が、どんな場所でどんな工程を経て製品になっているのか、それを知ることは講師としてとても大切なことです。

初めて茶畑を訪れたのはスリランカでした。一面に広がる茶畑は、畑の域を超えまさに「茶山」。紅茶工場の製茶中の甘い香りに包まれた瞬間「やっぱり紅茶が大好き！」とワクワクしました。台湾もお気に入りの茶産地です。茶農家さんのご自宅に泊まらせていただき、製茶体験をさせていただくのですが、夜通しのお茶作りも、みんなで囲む農家の食卓も最高の体験です。

紅茶の仕事に関わるようになってしばらくは、茶産地に行くと、とにかく茶園めぐりと、茶園にしか行かない、そんな旅が定番でしたが、10年以上経つと、せっかくならばその国のお茶以外のことも知りたい、おいしい食事も楽しみたい……、半分はお仕事、半分はお楽しみも兼ねての旅に落ち着いてきました。最近のお気に入りは南インドの茶産地ニルギリ。1年中暖かい地域のため、フルーツがおいしく、人もおおらか。茶園の視察はもちろんですが、湖でボート遊びをしたり、美しい植物園でピクニックをしたり、山岳鉄道の旅を楽しんだり、ホテルやティールームでアフタヌーンティーをしたり。スタッフも研修&リゾート気分も味わえると喜んでくれます。

よく「茶葉の買いつけのために茶産地に行くのですか?」と聞かれるのですが、私たちの場合は、現地で購入する紅茶はレッスンで試飲したりする分くらいで、店舗やネットショップで販売する紅茶は別ルートで仕入れをしています。紅茶は抽出する水の水質により味わいが大きく変わる飲み物のため、店舗で販売する大量の茶葉は、日本の水で試飲してから買いつけています。

◆アイルランドの古城でアフタヌーンティー

旅先で思い出に残っている出来事の1つに、アイルランドの古城で体験したアフタヌーンティーがあります。ダブリンから電車とバスを乗り継ぎ、向かった先は19世紀半ばまでアイルランド貴族が所有していた「アードギラン・キャッスル」。現在ご子孫は、イングランドに移住、屋敷は所有権を放棄され、ナショナルトラストの管理下に置かれています。

バス停を降りて、歩道橋を渡ると広大な森の中に導かれます。標識に沿い進むと、更に森が深くなり、この道で合っているの？　とかなり不安に。なんとか森を抜けると、今度は広大な芝生。遙か遠くに見えるお屋敷、貴族ってすごいのね～と改めて感動しつつ、とにかく約束のガイドツアーの時間に間に合わなかったら大変!!と歩く、歩く。城は山の上なので、緩やかな傾斜が見た目よりきつく、辿り着いた古城を前に、ほっとしてしまいました。

館内はガイドツアーでしか見学ができず、アフタヌーンティーも完全予約制。ガイドツアーの参加者は、私たち夫婦と、ペルーからいらしていたご夫妻4人。まずは、エントランスホールからツアースタートです。ドローイングルーム、ダイニングルーム、書斎、地下の厨房や、銀器や高級食器を洗ったりするパントリーなどを見学した後に通されたのは、日当たり抜群の明るいモーニングルーム。朝食専用のお部屋として使われていたお部屋です。入った途端に、「わぁぁぁぁ」と、全員の口から歓声が。そこにはアフタヌーンティーの用意がされていました。しかしペルー人のご夫妻は、アフタヌーンティー予約はしていなかったとのことで、とても残念がり、写真だけでもとソファに座って撮影大会をしていました。

ガイドツアー終了後、前の回のガイドツアーに参加されていた2組と合流し、3組限定の優雅な午後のお茶の時間が始まります。ロゼのスパークリングワインで乾杯。ヴィンテージの食器で楽しむアフタヌーンティーは、空間の素晴らしさも相まって、まさに貴族の午後のお茶！という感じでした。

満腹になった後は広大な敷地にある庭園を2時間ほどかけて散策。もと来た道を頑張って歩き……バスと電車を乗り継いで帰りました。ダブリンから日帰りで行くことのできる、古城アフタヌーンティーは旅のスペシャルな思い出になりました。

5章

Cha Tea
紅茶教室の
Tea
&
Sweets

Cha Tea 紅茶教室の 紅茶とお菓子

紅茶・英国菓子専門店 ＣｈａＴｅａの取り組み

◆専門店オープン

２００２年３月、マンションの一室から始まった紅茶教室は、その後東京都・西日暮里に英国住宅式のサロンへ移転。生徒さんの数が年々増え続けるなか、書籍の執筆、講演、メディアの監修、アンティークの収集・販売など仕事の幅を広げてきました。

しかし、２０１９年、神戸ファッション美術館展覧会（65ページ）が開幕し、一息つく間もなく、水面下では長年共に活動してきたスタッフの１人ががん告知を受け（卵巣がんステージⅣB）、手術、抗がん剤治療などハードな治療の日々が始まっていたのです。もともと英国菓子を作るのが趣味だったスタッフ。お菓子作りが治療の張り合いになれば……と考えていたところ、自宅兼サロンの建物から見える範囲にある小さな土地が売り出されました。とても小さく細長い変わった土地でしたが、かえって魅力的かもしれないと即購入。自宅兼サロンを建てていただいた英国住宅専門の建築会社に建築を依頼し、紅茶とお菓子の専門店を開店することに決めました。ケーキとは別に、コロナ禍で派遣調理師の仕事が減っていたスタッフを中心に、スコーン専門のチームも結成。紅茶教室から紅茶・英国菓子専門店へ新

たな挑戦が始まりました。

2021年の春、建坪5坪の小さな店舗「紅茶・英国菓子専門店Cha Tea」が完成。静かな住宅街に建つこの小さな店舗。教室で講義を受けた生徒さんが帰りに立ち寄る程度だった店に、まさか1ヵ月後、デパートから英国展への出店依頼が来るとは、オープン初日には想像もしませんでした。オープン直後と時期尚早なこと、そしてがん治療を続けていたスタッフの体調のこともあり、依頼を受けるべきか悩みました。しかし、断ってしまったら2度目の依頼はないかもしれないと、チャレンジすることに。このチャレンジには、教室の卒業生が運営しているティールームが、催事常連店でアドバイスがもらえたことも助けになりました。この年はなんと3回も英国展に出店させていただきました。そして幸いなことにスタッフは今も元気に英国菓子を作ってくれています。

◆店舗運営のこだわり

小さな店舗も2023年4月で2周年を迎えました。テレビでお菓子を紹介される機会にも恵まれ、開店前に列をいただくことも多くなってきました。店舗運営と教室運営は似て非なるものですが、母体が紅茶教室という点を生かした店舗運営を心がけています。

第1に、私たちの主軸は「お菓子」ではなく、やはり「紅茶」だということ。そのため、店舗で販売している英国菓子にはできる限り「紅茶」を使用しています。例えばスコーンに使うドライフルーツは必ず紅茶に漬けこんでから使用しています。紅茶の成分のタンニン

によりドライフルーツが柔らかくなると同時に、果実に茶液が浸透することでジューシー感も演出できます。イチジクには中国産のキームン、イチゴにはスリランカ産のキャンディ、クランベリーにはインド産のニルギリなど、それぞれのドライフルーツにマッチする紅茶をペアリングできるのも私たちならではの強みだと思っています。紅茶のお菓子というとフレーバードティーの「アールグレイ」を使用したものがほとんどですが、産地の紅茶の風味がきちんと感じられるお菓子を作ることで、英国菓子好きだけでなく、紅茶好きの方へのアプローチも心がけています。

第2に、水や牛乳にもこだわりを入れること。製作しているお菓子は、紅茶、バター、小麦粉、その他の素材の風味をきちんと感じて欲しいので、すべて低温殺菌牛乳を使用しています。また催事でテイクアウト販売をしているロイヤルミルクティーやチャイなどは、コクを足すためお茶の抽出に中硬水を使用することもあります。

第3に、お菓子を購入してくださる方に、紅茶とのペアリングをおすすめしていること。お菓子はお菓子、紅茶は紅茶ではなく、合わせた瞬間の極上の幸せをお届けできればと思っています。店舗のお菓子は紅茶教室のティータイムにもお出ししているため、教室内で様々なペアリングを試し、店舗のお客様にも還元をしています。

紅茶教室の集客のツールは書籍、ブログ、SNSを活用しています。店舗の告知はSNSをメインにしています。ユーザーが気に入った記事を拡散できるリポスト機能が魅力です。催事の際は、リアルタイムで呟いてく

れるお客様も多いため、SNSにリポストすることでお客様との繋がりを大切にしています。

催事でスコーンやケーキを購入されたお客様が、後日店舗に足を運んでくださることもありますし、卒業生が継続して紅茶やお菓子を購入しに来てくださることも。小さな店舗は紅茶教室のアンテナショップとしても成長してくれています。

紅茶教室には「将来ティールームを開きたい」「自分も教室を主宰してみたい」など紅茶を仕事にしたいと夢見る方もいます。私たちが仕事の幅を広げることで、在校生や卒業生にもよいご縁が広げられたら、それは至福の喜びです。2023年秋の百貨店主催の英国展には、大分県でティールームをされている卒業生のお店が初出店を叶えました。デパートのバイヤーの方が、「Cha Teaさんの卒業生ならば」と信頼してくださったとのこと、とても光栄でした。

たった5坪の店舗ですので、製造能力には限りがありますが、遠方の卒業生も楽しみにしてくれている英国菓子の通販は、今後継続して続けられるように強化していきたいと思います。店舗で、催事で、通販で、皆様と繋がれることを楽しみにしています。

Scone
スコーン

外はサクッと、中はもちふわ。
丁寧に作られた
おいしさが溢れます。

材料（5.5cm丸型×約8個分）

薄力粉……690g
ベーキングパウダー……18g
無塩バター……150g
細目グラニュー糖……75g
低温殺菌牛乳……300mL
塩……6g
卵……1個

紅茶のペアリング

アッサムミルクティー
ルフナミルクティー
キャンディミルクティー

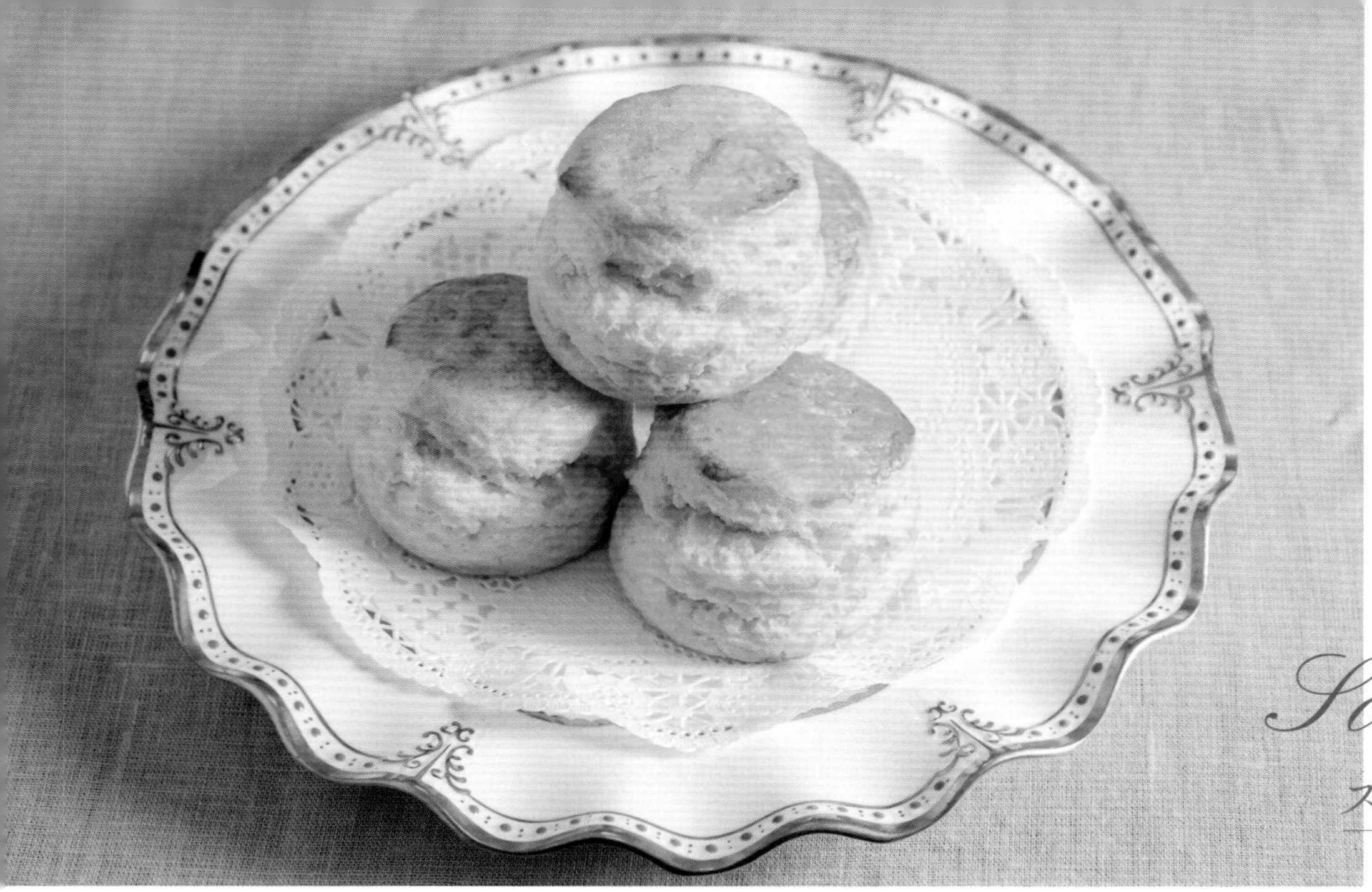

Scone
スコーン

作り方

1

薄力粉とベーキングパウダーを合わせてふるい、小さく切った冷たい無塩バターを加え粉状になるまで指先ですり合わせたら、細目グラニュー糖と塩を入れて混ぜる。

ポイント

さらさらになるまで、しっかりすり合わせる。

2

1に低温殺菌牛乳を少しずつ様子を見ながら加え、生地をボウルに押し当てながらカードで混ぜていく。生地がまとまってきたら、1〜2回こねてからまとめ、ラップをして冷蔵庫で30分寝かせる。

スコーン材料の塩は、優しい塩味のイギリスのシーソルト「マルドン」を使用。塩の結晶が大きめなので、ミルなどで粉砕してから使います。

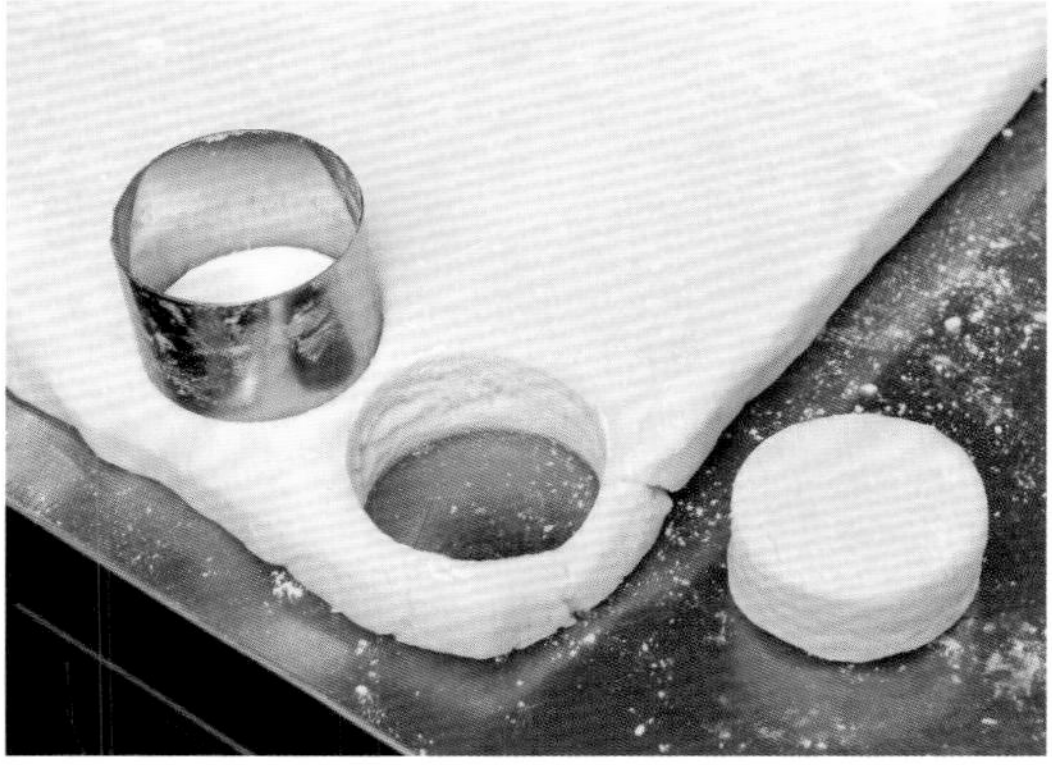

3

生地を平らに伸ばし、厚さ約3cmにしてから薄力粉（分量外）をつけた丸型で抜く。

ポイント

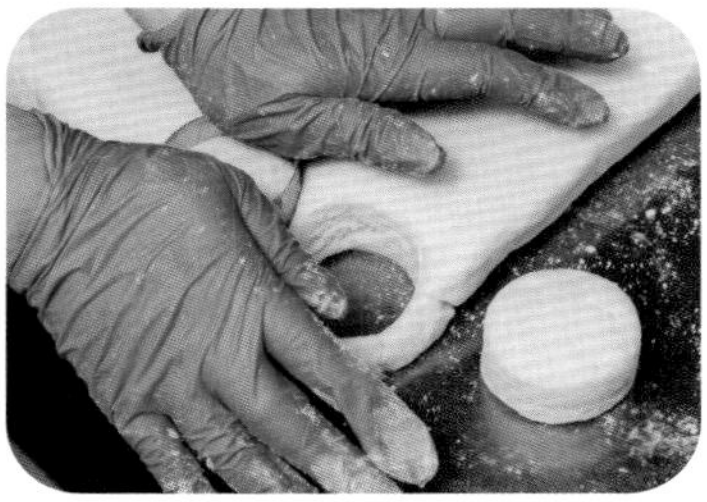

両手の親指のつけ根で押すと、
まっすぐ型が抜ける。

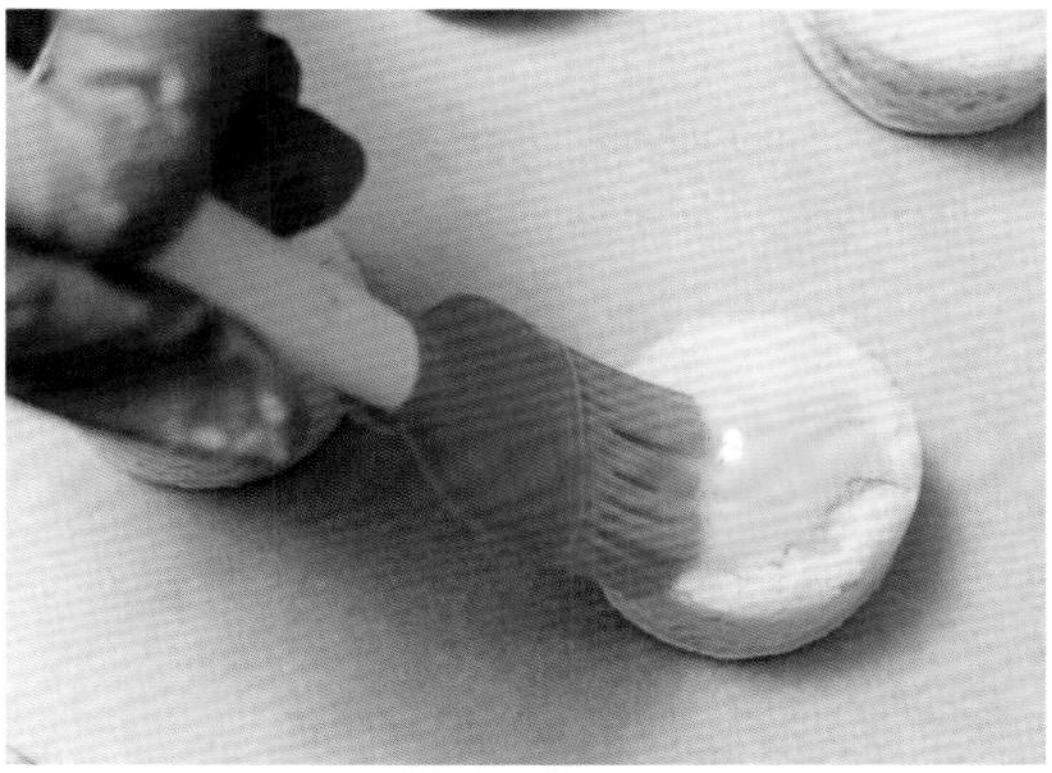

4

天板にクッキングシートを敷き、3の型抜きした生地を等間隔に並べ、卵1個と低温殺菌牛乳大さじ1（分量外）を混ぜて、つや出し用の卵液を作り、生地の上部にハケで塗る。

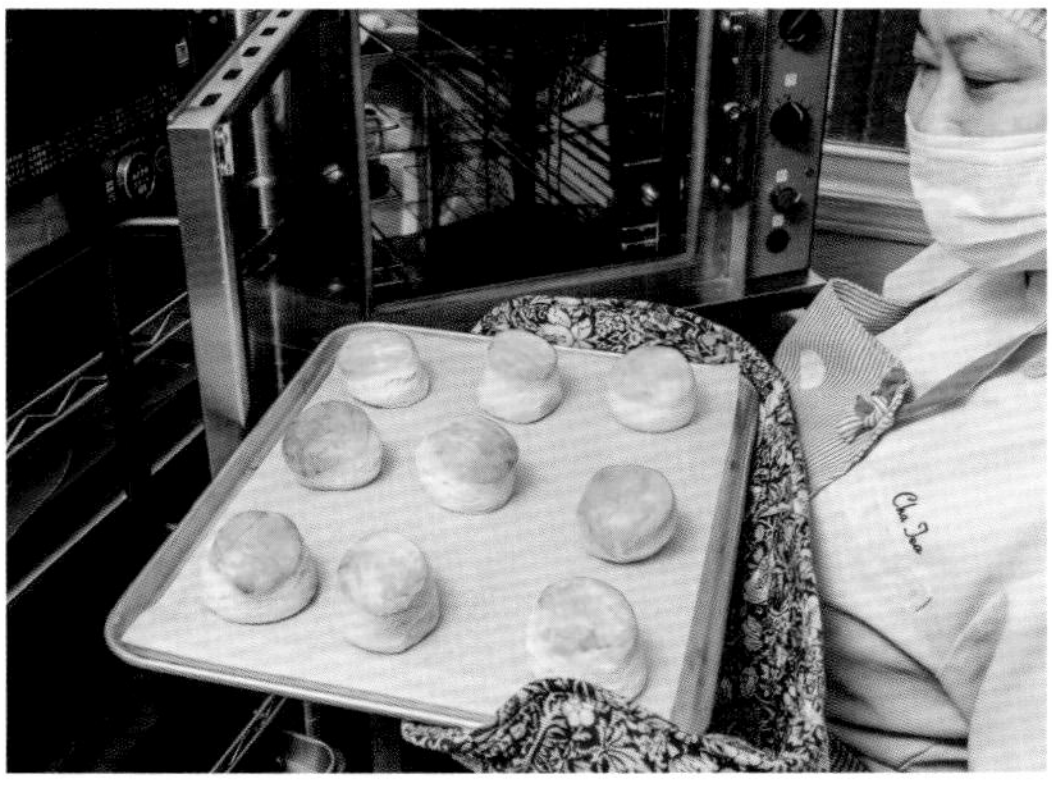

5

210℃に予熱したオーブンの上段で約10分、その後下段に天板を移して、180℃で約10分焼く。

Tea and Fruits Cake

紅茶のフルーツケーキ

3種のレーズンとダージリンをたっぷり。濃厚で豊潤なお味のフルーツケーキ。

材料（18cm丸型1台分）

無塩バター …… 145g
ブラウンシュガー …… 145g
卵 …… 145g
薄力粉 …… 145g
ベーキングパウダー …… 5g
レーズン …… 80g
サルタナレーズン …… 80g
カラント …… 70g
茶葉（ダージリン・セカンドフラッシュ） …… 6g
熱湯 …… 340mL
オレンジピール …… 40g
ミックススパイス …… 2g（137ページ参照）
レモンの皮 …… 1/2個分
コーヒーシュガー …… 適量

紅茶のペアリング

ダージリン・セカンドフラッシュ
ディンブラ
ウバ

下準備

- ティーポットにダージリン・セカンドフラッシュの茶葉6gと熱湯340mLを注いで3分蒸らし、茶こしでこして茶液を作る。
- ボウルにレーズン、サルタナ、カラントを入れ、下準備したダージリンの茶液を注ぎ1時間漬けた後、ザルなどで水気を切っておく。
- 無塩バターを常温に戻しておく。
- オレンジピールはみじん切りにしておく。
- レモンの皮をすりおろしておく。
- 型にクッキングシートを敷いておく。
- オーブンを150℃に予熱しておく。

作り方

1 ボウルに無塩バターを入れ、ハンドミキサーで柔らかくなるまで混ぜ、ブラウンシュガーを加え、白っぽくなるまでハンドミキサーで攪拌する。

2 1に溶いた卵を少しずつ加え、その都度ハンドミキサーで攪拌する。

3 薄力粉、ベーキングパウダー、ミックススパイスを数回に分け2にふるい入れ、ゴムベラで切るように混ぜる。

4 下準備したドライフルーツに、みじん切りにしたオレンジピールとレモンの皮のすりおろしを加えて3に混ぜる。

5 4の生地を型に入れコーヒーシュガーをふりかける。

6 150℃に予熱したオーブンに入れ、1時間10分焼く。焼き上がり時間に生地を竹串で刺してみて、竹串についてくるようなら焼き時間を延ばす。

Carrot Cake
キャロットケーキ

最近なぜか日本で人気
イギリスでは砂糖が手に入らなかった時代、
ニンジンで甘みをつけたそうです。

材料（18cm丸型1台分）

卵 …… 130g
細目グラニュー糖 …… 115g
ヒマワリ油 …… 135mL
ニンジン …… 220g（3本）
中力粉 …… 150g
ミックススパイス …… 小さじ2
（137ページ参照）
ベーキングパウダー …… 3g
重曹 …… 2g
塩 …… 1g
クルミ …… 75g

仕上げ用フロスティング

無塩バター …… 50g
クリームチーズ …… 100g
粉糖 …… 20g

下準備

- 卵、無塩バターを常温に戻しておく。
- 丸型にオーブンシートを敷く。
- オーブンを180℃に予熱しておく。
- ニンジンは形が残る程度に粗くすりおろす。
- クルミは160℃のオーブンで5分ローストして粗みじん切りする。

作り方

1 卵と細目グラニュー糖を軽くふんわりするまで、ハンドミキサーで攪拌する。
※ 白くメレンゲのようになってしまったら泡立てすぎなので、注意。
2 ヒマワリ油を加えて、さらに2〜3分攪拌する。
3 2にニンジンを入れゴムベラで切るように混ぜる。
4 中力粉、ベーキングパウダー、重曹、ミックススパイス、塩を3にふるい入れて混ぜ、最後にクルミを混ぜる。
5 型に4の生地を入れ、予熱しておいた180℃のオーブンで約45分焼く。竹串を生地の中央にさしても、何もついてこなくなるまで焼く。
6 焼きあがったら、型に入れたまま冷まし、常温になったら型から外す。

お店ではフロスティングの絞りだしの上に、マジパンで作ったニンジンを飾っています。マジパンも手作りしていますが、市販品を使っても。マジパンに食用色素を適量混ぜ、オレンジと緑に彩色して、ミニニンジンと葉を作ってください。

紅茶のペアリング

- ディンブラミルクティー
- ウバミルクティー
- キャンディ

仕上げ

1 フロスティングを作る。無塩バターとクリームチーズをハンドミキサーでなめらかになるまで混ぜ合わせ、粉糖を加えて混ぜる。

2 ケーキの上に、1を塗って仕上げ、お好みでマジパンで作ったニンジンなどを飾る。

Tea Bread
ティーブレッド

ブレッドという名前ですが、ケーキの一種。
軽く温めて、バターを塗っていただきます。

材料（17cmパウンド型1台分）

レーズン……100g
サルタナレーズン……40g
カラント……40g
細目グラニュー糖……55g
ブラウンシュガー……30g
茶葉（キームン）……3g
熱湯……170mL
薄力粉……165g
ベーキングパウダー……6g
シナモンパウダー……小さじ1/2
卵……23g
マーマレード（市販品）……大さじ1

紅茶のペアリング

キームンミルクティー
キャンディ
ディンブラ

下準備

- ティーポットにキームンの茶葉3gと熱湯170mLを注いで3分蒸らし、茶こしでこしながら150mLの茶液を作る。茶液ごと生地に入れるので抽出した後の茶液は、きちんと計量すること。
- ボウルにドライフルーツと細目グラニュー糖、ブラウンシュガーを入れ、キームンの茶液150mLを加え一晩おく。
- オーブンを180℃に予熱しておく。
- パウンド型にクッキングシートを敷いておく。

作り方

1 下準備で用意した紅茶漬けドライフルーツに、溶き卵、マーマレードを加えて、ゴムベラでよく混ぜる。
2 薄力粉、ベーキングパウダー、シナモンパウダーを合わせて1にふるい入れ、ゴムベラで切るように混ぜ、型に入れ表面を平らにし、180℃に予熱したオーブンで40〜45分焼く。
3 2を一晩おいてから切り分け、軽くトーストして温め、バターを塗って食べる。

Lamingtons
ラミントン

オーストラリアやニュージーランドで愛されるお菓子がイギリスへ。
Cha Tea 紅茶教室オリジナルで、アッサム風味に。

材料（18cm角型1台・9個分）

無塩バター……85g
細目グラニュー糖……140g
卵……115g
薄力粉……150 g
ベーキングパウダー……8g
低温殺菌牛乳……85mL

アイシング

粉糖……440g
ココア……30g
無塩バター……13g
茶葉（アッサム）……3g
熱湯……150mL
ココナッツファイン……80g

下準備

- 卵、無塩バター、低温殺菌牛乳は常温に戻しておく。
- 18cm角型にクッキングシートを敷く。
- オーブンを180℃に予熱しておく。

作り方

1 スポンジ生地を作る。ボウルに無塩バター、細目グラニュー糖を入れ、ハンドミキサーで軽くふわっとするまで攪拌する。

2 1に卵を1個ずつ加え、その都度よく混ぜる。

3 2に薄力粉とベーキングパウダーを半量ふるい入れて混ぜ、低温殺菌牛乳を1/2混ぜ合わせる。これを繰り返し行う。

4 型に3の生地を流し込み、180℃に予熱したオーブンで約30分焼く。

5 型に入れたまま10分置き、裏返して金網に出して、清潔な布をかぶせる。

仕上げ

1 ティーポットにアッサムの茶葉3gと熱湯150mLを注いで3分蒸らし、茶こしでこして125mLの茶液を作る。

2 アイシングを作る。ボウルに粉糖とココアを合わせてふるい入れ、無塩バターとアッサムの茶液125mLを加え、なめらかになるまでハンドミキサーで攪拌する。

3 ケーキを四角に9等分にカットし、バットにココナッツファインを広げる。スポンジをフォークで刺し、2のアイシングを表面につけ、ココナッツをまぶし、落ち着くまで冷蔵庫で2時間冷やす。

紅茶のペアリング

アッサムミルクティー
ルフナミルクティー
ウバ

Shortbread
ショートブレッド

ショートとは、「サクサクの」という意味。
米粉を加えてさらにサクサクに。

下準備

- 無塩バターを常温に戻しておく。
- オーブンを150℃に予熱しておく。
- 天板にクッキングシートを敷いておく。

材料（6.5cm梅型×20個分）

中力粉……156g
無塩バター……120g
細目グラニュー糖……60g
米粉……30g
塩……2g

紅茶のペアリング

キャンディミルクティー
ダージリン・セカンド
ディンブラ

作り方

1

無塩バターと塩をボウルに入れ、柔らかくなるまで木製のヘラで混ぜ、細目グラニュー糖を加えてさらに混ぜる。

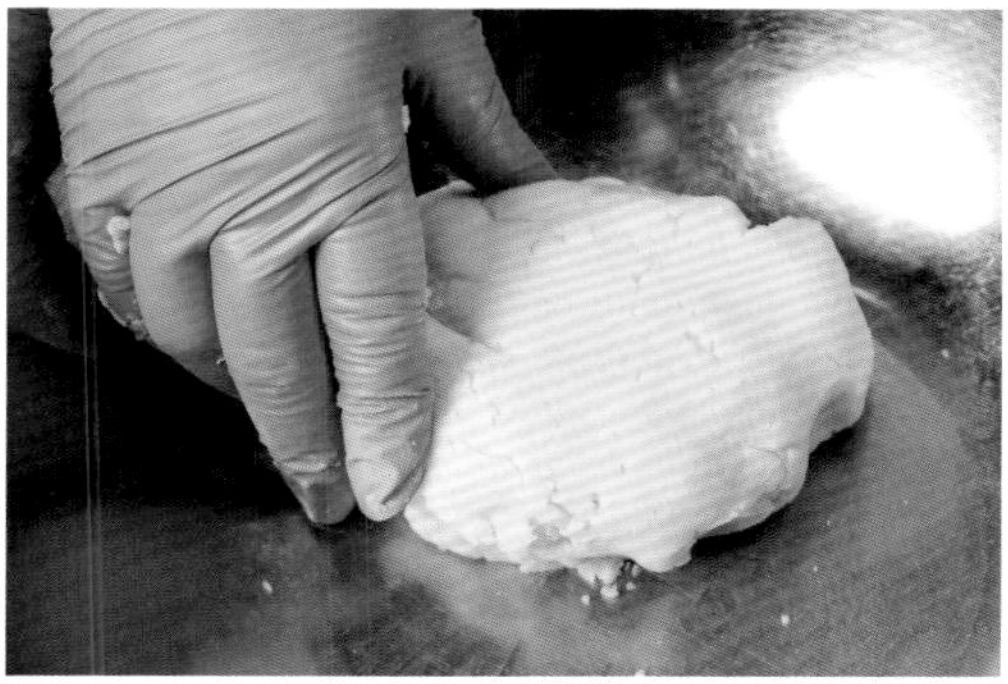

2

1に中力粉と米粉を加えて混ぜ、ボウルに押しあてながら生地をまとめる。

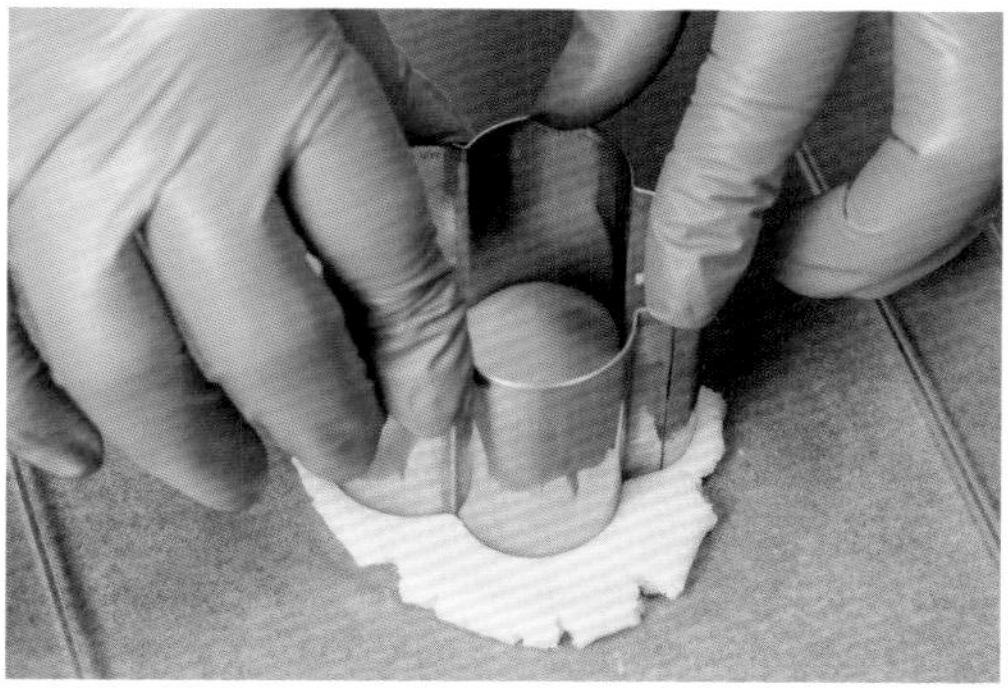

3

生地を5mmくらいの厚さにめん棒で伸ばして梅型でくり抜く。

4

3の生地を天板にのせ、フォークで穴を数カ所あけて、150℃に予熱したオーブンで約20分焼く。

5

焼きあがったら、ショートブレッドの上に細目グラニュー糖（分量外）をふりかけ、天板にのせたまま冷ます。

Millionaire's Shortbread

ミリオネアショートブレッド

ショートブレッドにトフィー、さらにチョコレートをトッピングした、
リッチ＆ゴージャスなおいしさ。

材料（18cm角型1台・9個分）

無塩バター …… 150 g
塩 …… 2g
細目グラニュー糖 …… 75g
強力粉 …… 150g
セモリナ粉 …… 75g

トフィー

練乳 …… 180g
ゴールデンシロップ …… 55g
細目グラニュー糖 …… 80g
無塩バター …… 80g
塩 …… 1.5g

飾り用　コーティングチョコレート …… 90g
飾り用　ホワイトチョコレート …… 10g

下準備

- オーブンを160℃に予熱しておく。
- 型にクッキングシートを敷いておく。
- 無塩バターを常温に戻しておく。

紅茶のペアリング

アッサムミルクティー
ウバミルクティー
ディンブラ

作り方

1

下層のショートブレッドを作る。無塩バターと塩をボウルに入れ、柔らかくなるまでカードで混ぜ、細目グラニュー糖を加えてさらに混ぜる。

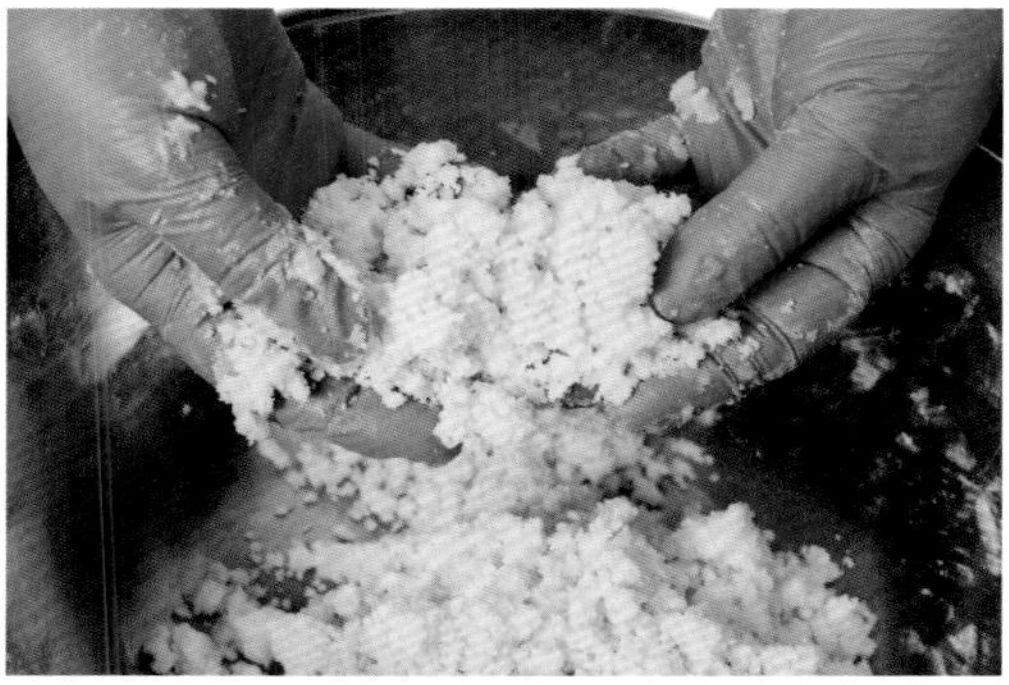

2

1に強力粉とセモリナ粉を入れ、手ですり混ぜる。

3

型に2の生地を詰め、さらにフォークなどで表面を平らにして、160℃に予熱したオーブンで30〜40分焼く。

トフィー

4

中層のトフィーを作る。鍋に練乳、ゴールデンシロップ、細目グラニュー糖を入れて中弱火にかけ、焦げないように鍋の底をゴムベラで常に混ぜながら、108℃になるまで加熱する。

5

火をとめて無塩バターと塩を加えてよく混ぜたら、再び中弱火にして、混ぜながら112℃になるまで加熱する。この温度で硬さが決まる。

6

トフィーを3の生地の表面に流し入れ、冷蔵庫で約20分冷やす。

仕上げ

7

飾り用チョコレートをそれぞれ湯せんで溶かし、6の表面にコーティングチョコレートを流し入れ、型を傾けて全体に広げる。

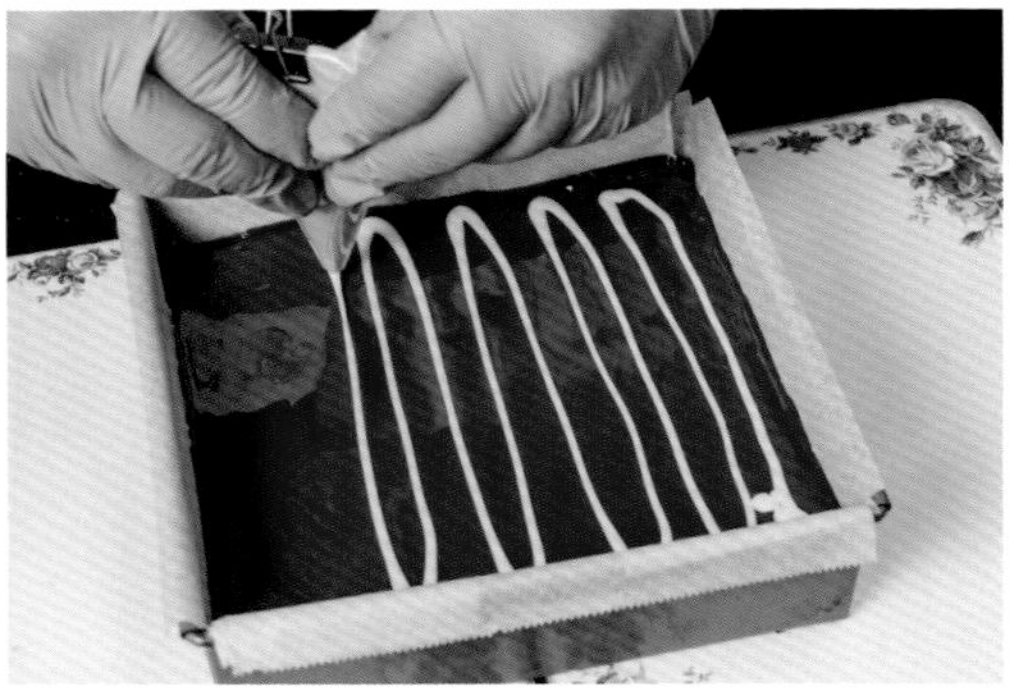

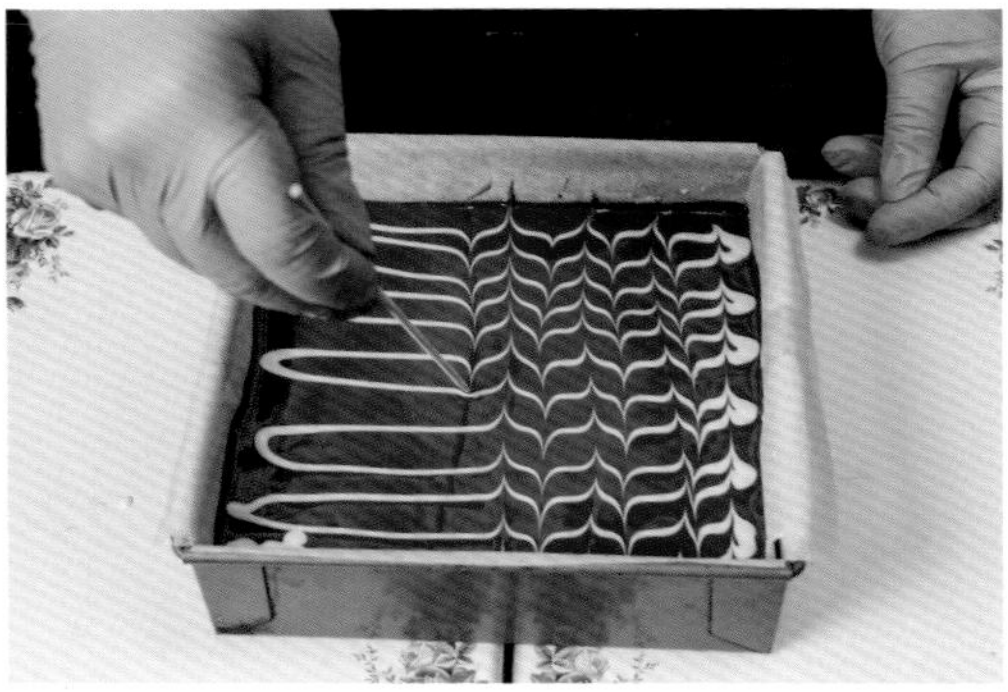

8

溶かしたホワイトチョコレートを小さな絞り袋に入れ、7の上部に線を描きながら流し入れ、竹串を上下に動かして矢羽根模様にする。

9

8を冷蔵庫で冷やし固め、角型から外してカットする。

飾り用のチョコレートは、手早く流し入れるときれいな仕上がりになる。

Ginger drizzle Cake
ジンジャードリズルケーキ

イギリスでは、ショウガもお菓子の材料です。
スパイスと糖蜜でコクのある風味に。

材料（18cm丸型1台分）

無塩バター ……… 80g
モラセス ……… 80g
ブラウンシュガー ……… 80g
ゴールデンシロップ ……… 80 g
生クリーム ……… 140mL
卵 ……… 55g
中力粉 ……… 160g
重曹 ……… 4.5g
ジンジャーパウダー ……… 4.5g
シナモン ……… 1.5g
ミックススパイス ……… 1.5 g（137ページ参照）
ステムジンジャー（みじん切り）……… 80g
ステムジンジャーのシロップ ……… 20g

トッピング

粉糖 ……… 20g
ステムジンジャーのシロップ ……… 13g

下準備

- 型にクッキングシートを敷く。
- オーブンを160℃に予熱しておく。

作り方

1 鍋に無塩バター、モラセス、ブラウンシュガー、ゴールデンシロップを入れて弱火でゆっくりとゴムベラで混ぜながら溶かして火からおろす。

2 粗熱が取れたら1に生クリームを加えよく混ぜ、さらに卵を加えてよく混ぜる。

3 中力粉、スパイス類、重曹を2にふるい入れ、ヘラで切るように混ぜ、最後にみじん切りにしたステムジンジャーも加えて混ぜる。

4 型に生地を流し入れ、160℃に予熱したオーブンで60〜70分焼く。

5 焼きあがったケーキを型から外し、串でたくさん穴をあけ、熱いうちにステムジンジャーのシロップをかける。

仕上げ

- ケーキが冷めたら、粉糖とステムジンジャーのシロップを混ぜ合わせ、ケーキの上に線を描くようにかける。

紅茶のペアリング

ルフナミルクティー
アッサムミルクティー
キームン

ステムジンジャー（ショウガの砂糖漬け）の作り方

1 ショウガ800gの皮をむき、厚さ1cmに切る。
2 鍋に皮をむいたショウガに水をひたひたに入れ、火にかける。
3 2が沸騰したら、再度水を加え沸騰、こす作業を3回繰り返す。
4 柔らかくなったショウガを鍋に入れ、水1L、砂糖850g、塩ひとつまみを加えて、砂糖が溶けるまでゆっくり加熱し、沸騰させる。
5 鍋の温度が106℃になるまで加熱し、約1時間煮る。殺菌した瓶に保存し、1年以内に使うこと。

紅茶のペアリング

アッサムミルクティー

ルフナミルクティー

ディンブラ

材料（18cm角型1個・10個分）

中力粉……60g
全粒粉……60g
オートミール……60g
重曹……1g
無塩バター……75g
ブラウンシュガー……80g
ナツメグ……0.5g
ジンジャーパウダー……10g
オレンジピール……20g
ステムジンジャー（ショウガの砂糖漬け 作り方は171ページ参照）……20g
塩……2g

下準備

- 型にクッキングシートを敷く。
- オーブンを170℃に予熱しておく。
- オートミールをフードプロセッサーにかけ、粉状にする。
- オレンジピールとステムジンジャーをフードプロセッサーにかけてペースト状にする。
- 無塩バターを常温に戻しておく。

作り方

1 中力粉、全粒粉、オートミール、重曹、ブラウンシュガー、ナツメグ、ジンジャーパウダー、塩をボウルにふるい入れる。
2 1に無塩バターを加えてすり混ぜ、ペースト状にしたオレンジピールとステムジンジャーも加えてさらにすり混ぜる。
3 2の生地の3/4を型に入れ、しっかり押して平らにする。残りの1/4を上にふりかける。
4 170℃に予熱したオーブンで約25分焼く。
5 熱いうちに型に入れたまま10等分に切り、そのまま動かさないこと。冷めたらできあがり。

Grasmere Gingerbread

グラスミアジンジャーブレッド

湖水地方のグラスミアから生まれた、ショウガ＆オートミール風味の郷土菓子です。

Treacle tart

トリークルタルト

トリークル（糖蜜）を使った、
昔ながらの濃厚な甘さのタルト。

材料（18cmタルト型1台分）

リッチ・ショートクラスト・ペストリー

薄力粉 …… 120g
塩 …… ひとつまみ
細目グラニュー糖 …… 18g
無塩バター …… 60g
卵 …… 18g

フィリング

ゴールデンシロップ …… 183g
無塩バター …… 33g
クロテッドクリーム …… 7g
卵 …… 25g
レモン汁 …… 2.5mL
レモンの皮（すりおろし）…… 1/8個分
パン粉 …… 50g

紅茶のペアリング

アッサムミルクティー
キームンミルクティー
ダージリン・オータムナル

作り方

リッチ・ショートクラスト・ペストリー

1

ボウルに薄力粉、塩、細目グラニュー糖をふるい入れ、冷えた無塩バターを入れ、カードで細かくバターを刻む。ある程度バターが小さくなってきたら、粉状になるまで指先を使い、すり合わせるように全体をサラサラのパン粉状にする。

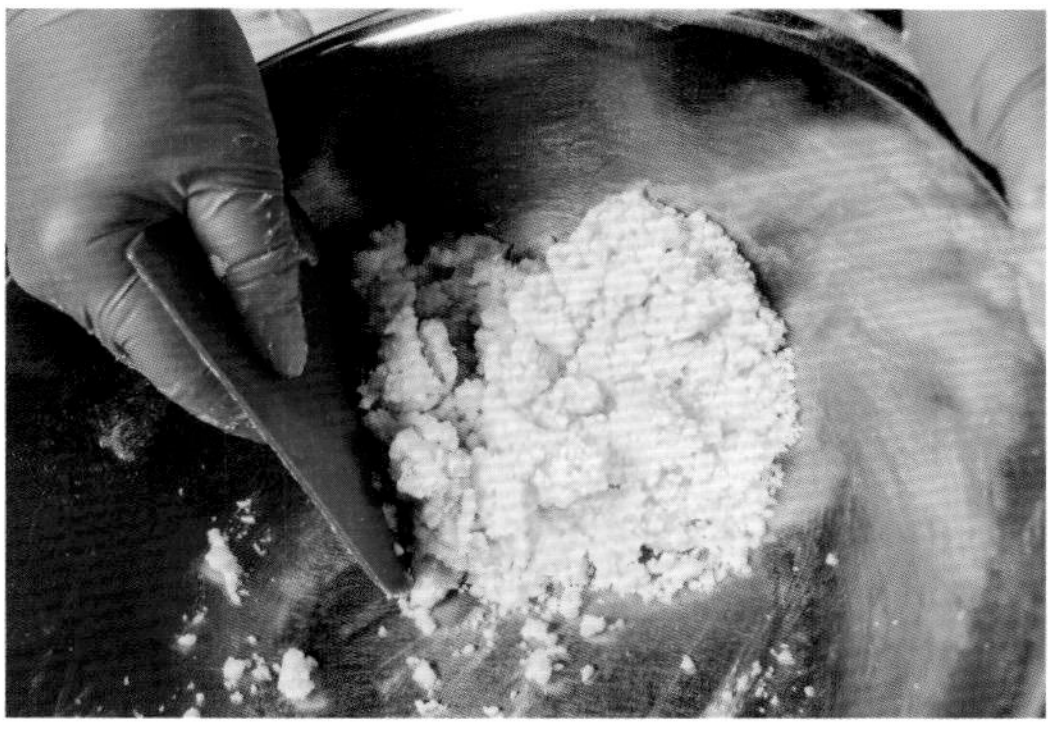

2

1に溶いた卵を加えて、カードでひとかたまりになるようにまとめ、冷蔵庫で約1時間休ませる。

Treacle tart
トリークルタルト

3

2を3mmの厚さで、タルト型より一回り大きくなるまで、めん棒で伸ばす。

4

型にバター（分量外）を塗り、3を型に入れる。はみ出た余分な生地を取り除く。

5

フォークで底面に穴をあける。

お店では、パン粉も手作りしたものを使用しています。

リッチ・ショートクラスト・ペストリーとは?

イギリスで、とても一般的なパイ生地のことで、できあがりはタルト生地に近い食感です。英語でショートクラストとは「サクサク」の意味。ショートクラスト・ペストリーに卵や砂糖を加えたものをリッチ・ショートクラスト・ペストリーと呼びます。

6

5にクッキングシートを敷き、タルトストーンなどの重石を適量のせ、180℃に予熱しておいたオーブンで約20分焼き、重石とクッキングシートを取る。

仕上げで使用する材料。ゴールデンシロップ(右)、クロテッドクリーム(左)。

仕上げ

1

ゴールデンシロップ、無塩バター、クロテッドクリームを鍋に入れて弱火にかけ、軽く温まったら火からおろし、レモンの皮をすりおろしたもの、レモン汁、溶いた卵、パン粉を加えてしっとりするまで混ぜる。

2

焼きあがったリッチ・ショートクラスト・ペストリーに1のフィリングを流して平らにし、170℃に予熱しておいたオーブンで30～35分焼く。

Flapjacks
フラップジャック

イギリスでは、昔からある
スイーツ・バー。
1度食べるとやみつきに！

材料（18cm角型1台・10個分）

ゴールデンシロップ …… 75g
無塩バター …… 100g
ブラウンシュガー …… 75g
塩 …… 1.5g
オートミール …… 150g
押し麦 …… 50g
アーモンド …… 40g
クランベリー …… 40g
サルタナレーズン …… 35g

下準備

- アーモンドを160℃で4〜5分オーブンで焼き、粗く刻む。
- 角型にオーブンシートを敷く。
- オーブンを170℃に予熱しておく。

作り方

1 鍋にゴールデンシロップ、無塩バター、ブラウンシュガー、塩を入れて弱火にかけ、バターが溶けるまで沸騰しないようにゆっくりゴムベラで混ぜる。
2 1を火からおろして粗熱が取れたら、オートミール、押し麦、アーモンド、クランベリー、サルタナレーズンを加えて混ぜる。
3 型に2の生地を入れ、ゴムベラでよく押しながら敷き詰める。
4 170℃に予熱しておいたオーブンで、約25分焼く。
5 型ごと網にのせ粗熱を取り、冷めたら型から外して10等分にカットする。

紅茶のペアリング

ディンブラミルクティー
ウバミルクティー
ダージリン・セカンドフラッシュ

Text by Yumi Koseki

紅茶がきっかけで、アフタヌーンティーの第一人者に
テレビ出演や本の出版で活躍中

安達由香里（ゆかりーぬ）さん

通称ゆかりーぬで有名な安達由香里さんは、コンサルタントを本業としながら、趣味で始めた紅茶の情報サイト「TEA MAGAZINE」が評判を呼び、紅茶関連のセミナー講師やテレビ出演、書籍の出版へと大活躍。とくに最近はアフタヌーンティーの流行により、その第一人者として知られています。

「会社員時代に仕事が忙しく働きすぎだったので、なにか習い事をしようとワイン教室に行ったのですが、お酒のアレルギーになってしまい、紅茶のほうがいいかも、と。いろいろな紅茶教室に行ったのですが、Cha Tea紅茶教室がいちばんよかった！　初めて行った体験レッスン中に、すでに通おうと決めました。15年前から学び始め、9年半通いました。今では教室でマスタークラスの講師に呼んでもらったり、プライベートでも交流があります」（安達さん）

Cha Tea紅茶教室のおもしろさは、講師陣のキャラクターもあるとのこと。趣味の合う先生がいらしたり、エピソードがおもしろい先生がいらしたり。同じ内容の講座を違う先生から受講すると、生徒側の受け止め方も違いが出てくるそうです。

「Cha Tea紅茶教室でなければ、こんなにいろいろなタイプの授業を受けられないのでは？　先生も生徒も、紅茶が大好きという共通点があるので、レッスン自体がとても楽しく、内容が濃いと思います。

実際私が卒業後講師になって自分の生徒さんに教える時、とにかくCha

安達由香里さん（ゆかりーぬ）
プロフィール

1972年東京生まれ。広告代理店勤務を経て、2013年にコンサルタントとして独立。紅茶講師（シニアティーアドバイザー）の資格を取得後、紅茶の情報サイト「TEA MAGAZINE」を立ち上げ現在も運営中（平均月間PV20万）。紅茶に関する歴史に造詣が深く、紅茶と歴史を絡めてのセミナーを度々開催。紅茶の味を熟知し紅茶とスイーツのマリアージュを研究。アフタヌーンティーは1500回以上体験。TBSのバラエティー番組やNHKの情報番組などにアフタヌーンティー愛好家として度々出演。監修本に『おうちで楽しむための アフタヌーンティーLESSON プロが教える「心満たすお茶会」のコツ』、『おうちで楽しむ ティー&フード ペアリングLESSON』（いずれもメイツ出版刊）がある。

著書『おうちで楽しむための アフタヌーンティーLESSON プロが教える「心満たすお茶会」のコツ』（メイツ出版刊）

安達由香里さん。2008年4月 Cha Tea 紅茶教室入校。2017年卒業。お気に入りのアフタヌーンティープレイスにて。

Teaでのレッスンが楽しかった学びを伝えたいと考えたのですが、それを真似するのはとても難しくて。どうしたらいいのか、立川碧先生にご相談したら『自分が楽しかったら、その楽しさが伝わるわよ』というお言葉をいただきました」

今でも安達さんが講師を行う時に心がけているのは、Cha Tea紅茶教室で教わった知識の豊富さを伝えること。

「最初の講義では、とても緊張しました。なんで緊張するのか考えたら、自信がなかった。自信を持つためには充分な知識を持たなければと、レッスンで伝える内容以上の知識を身に着けるようにしました。以後、どんな質問が来ても答えられるように準備しておくことが、楽しいレッスンにつながると思っています」

また、Cha Tea紅茶専門店で販売している紅茶は、シングルオリジンティーが多く、しかも質がよくて価格も良心的とのこと。

「立川先生曰く、紅茶教室は実際に紅茶を飲んでもらうことが重要だから、茶葉からの利益を抑える価格設定をしているそうで、それは生徒たちにはとてもありがたいこと。私は卒業した今でもシングルオリジンティーの紅茶は、Cha Teaで買っています。その産地や時期の特徴がある紅茶を提供してくれているので、期待したとおりの紅茶を手に入れることができるのもCha Teaの魅力だと思います」

Text by Yumi Koseki

台湾で紅茶教室を経営
定期的に来日してブラッシュアップも

楊玉琴 KELLY YANG《ケリー・ヤン》さん

楊さんは台湾人で、海を越えてCha Tea紅茶教室に通う生徒さんの1人。以前は台湾の大手紅茶チェーン店でマネジメントを担当していましたが、5年前に独立。現在は、台湾で紅茶教室とティーハウスを経営。香港でも紅茶教室を行っています。

「最初はインターネットでCha Tea紅茶教室を発見して、他の紅茶教室と教え方が違うこと、そして文化的要素を感じました。初めて通ったのは、2006年末から2007年の初めまで。それ以降は定期的に日本を訪れ、Cha Tea紅茶教室でブラッシュアップの特別講座を開いていただいています。時には私だけでなく、台湾からスタッフやお客様を連れて参加することもあります」（楊さん）

中国でお茶といえば、ウーロン茶が一般的に広まっているため、紅茶を知ってもらうのはこれから。けれど韓国・ソウルではここ数年、紅茶文化が広まり始め、徐々に紅茶文化の浸透を感じるそうです。カフェなどでも、コーヒーでなく紅茶を選ぶ人が増えているとか。

「最初、兄が経営している台湾の紅茶会社をまかされた時、お客さんのほうが外国のことや紅茶のことをよく知っていて、ビジネスのためにもっと勉強しないと！ と思いました。また台湾で販売されている紅茶の本は、海外の翻訳本が多く、台湾では参考にならないこともあります。もっと紅茶のこ

台湾にある、楊さん経営のティーハウス。

楊玉琴さん。2007年Cha Tea紅茶教室入校。毎年特別研修にて継続学習中。

とをよく知りたい！とCha Tea紅茶教室を訪れたのです。Cha Teaさんとの出会いは、私にとって衝撃的でした。講座の内容はとても深く、紅茶の実質的なことだけでなく、紅茶をめぐる歴史や文化など、様々なことを教えてもらいました」

特に立川碧先生からは、紅茶を教わるだけでなく、生徒さんの様子や勉強の仕方を見ながら丁寧に指導されている姿が、自分が先生となった時に、とても参考になっているとのこと。

台湾からヨーロッパ、そして日本や香港など、世界中をアクティブに動く楊さん。これからはSNSなども使い、Cha Tea紅茶教室で教わったヨーロッパの紅茶文化を台湾の人々にさらに広く伝えていきたいそうです。

楊玉琴　KELLY YANG《ケリー・ヤン》さん
プロフィール

台湾在住、英国紅茶専門家。日本紅茶協会認定ティーアドバイザー、日本経済大学紅茶協会認定コーディネーター。英国アフタヌーンティーをはじめ、世界各国のティーハウスのテイスティング、大手ブランドによる紅茶レクチャーなどに参加。2020年、台湾工芸センター「アイランド・ティー・ブリーズ-国際茶芸術文化特別展」英国茶文化ゾーンキュレーターに就任。著書に『図解はじめての紅茶のテイスティング』『英国アフタヌーンティーのスロータイム』『英国式ティーブレンディング』（台湾・漫遊社）がある。

Text by Yumi Koseki

会社員時代に紅茶のおいしさにめざめ、念願のティールームを開店

和田真弓さん

「最初にＣｈａ Ｔｅａ紅茶教室におうかがいしたのは、日本橋にお教室があった時代。その後、西日暮里にマナーハウスのようなサロンができたり、早稲田大学での外部セミナーをしたり、教室の発展の加速度がすごいですね。Ｃｈａ Ｔｅａ紅茶教室のよさは、本物の高級な茶器を惜しみなく使わせてもらえるところ。スターリングシルバーのティーポットやカトラリー、紅茶好きにはたまらないアンティークのモートスプーンなど、いろいろなコレクションをお持ちです。サモワールも、現地で買ってきたものを使わせてもらいました。

特に参考にしたいのは、立川碧先生の経営者目線。先見の明がおありで、紅茶業界のずっと先の未来を考えて、行動されています。そして経営者としての能力の高さ。教室の先生方やスタッフが10年前と同じメンバーで働いているというのは、飲食業界では奇跡に等しいことです。自分で教室やティールームをやりたくて、その能力のある人は、ノウハウを覚えたらすぐに辞めてしまうことが多いのです。

卒業してからも、私のことをなにかと気にかけてくださり、ブログやＳＮＳなどで私のお店を紹介してくださったり、本が出たら告知していただいたり。紅茶教室の生徒さん向けに、トークショーの講師もやらせていただきました。

23歳の頃に、Ｃｈａ Ｔｅａ紅茶教室で初めておいしい紅茶をいただいた私

和田さんのお店で提供しているアフタヌーンティーセット。

ベリーズティールーム・オーナーの和田真弓さん。2007年Cha Tea紅茶教室入校。2010年卒業。2013年再入校、2016年卒業。

店内ではアフタヌーンティーメニューを提供するほか、紅茶などの販売も。

としては、Cha Teaの紅茶が、私の紅茶の味。なので、お店でお出しする紅茶も、Cha Teaから仕入れをしています。試飲しなくても、クオリティがよいのはわかっているので、間違いがありません。紅茶教室の生徒さんにお出ししている紅茶ということもあり、代表的な紅茶がわかりやすいおいしさで揃っているので、お店に初めて来た紅茶を知らないお客様にも違いがわかりやすく、おすすめしやすい味です。

私のお店のオリジナルブレンド「浜田山」も、立川先生のアドバイスで作りました。ご指導いただいていなければ、オリジナル紅茶など作っていなかったと思います」（和田さん）

和田真弓さん
プロフィール

1983年愛知県生まれ。ベリーズティールーム店主。会社員時代に通ったCha Tea紅茶教室で紅茶の魅力に魅せられ、2013年東京浜田山に本格紅茶と英国菓子の店を開店、2018年に浜田山駅前に移転。以後オンラインストアでイギリス菓子の販売、百貨店の催事出店やウエディングのお菓子提供などを行う。2023年東京高円寺に焼菓子店「ベリーズベイク」を開店。著書に『ベリーズティールームの本格紅茶と英国菓子レシピ』(誠文堂新光社刊)がある。

ベーキングについて

材料

本書のお菓子作りでは、以下の材料を使用しています。

クロテッドクリーム

トリークルタルトで使用しているクロテッドクリームは、スコーンを食べる際に欠かせないものです。イギリス、コーンウォール地方の有名ブランド「ロダス」社製のクロテッドクリームを使用しており、Cha Tea紅茶専門店でも販売しています。

バター

食塩不使用を基本として使用しています。

卵

Mサイズ(正味約50g)を使用しています。

牛乳

Cha Tea紅茶専門店では、紅茶教室で使用しているものと同様の低温殺菌牛乳を使用しています。

ドライフルーツ

オイルコーティングされていないものを使用しています。

粉類

小麦粉は、お菓子の種類によって、薄力粉、中力粉、強力粉を使い分けています。ショートブレッドには米粉、ミリオネアショートブレッドにはセモリナ粉を使用しています。

粉糖は純粉糖(コーンスターチが入っていないもの)を使用。ただし、仕上げにふりかけるものは、溶けない粉糖を使用しています。

砂糖

ほとんどのお菓子には細目グラニュー糖(微粒子グラニュー糖)を使っています。細目と記載のないものは、一般的なグラニュー糖です。

英国菓子は、多くの種類の糖類を使うのが特徴です。イギリスでは一般的なものとして、砂糖を精製する際に残された糖類のモラセス(糖蜜)、ブラウンシュガー、ゴールデンシロップがあり、それぞれ糖度や粘度が違います。

道具

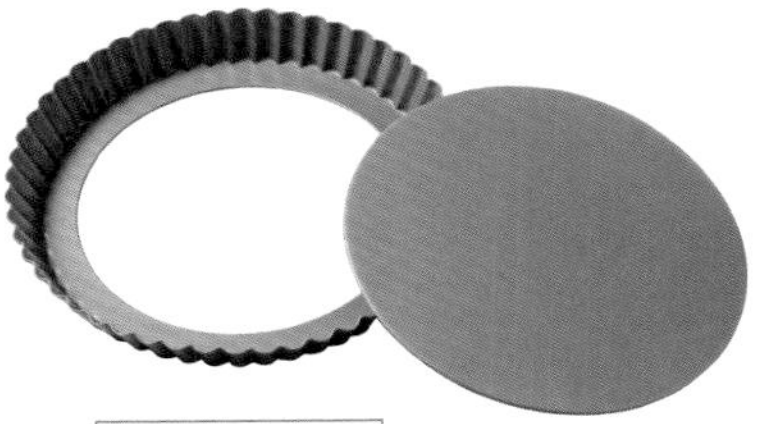

タルト型

18cmのタルト型は、トリークルタルトで使用。タルト型は底が抜けるものが取り出しやすく、便利です。

クリスマスプディングの容器

イギリスでは白い陶器製のプディング型を使いますが、Cha Tea紅茶専門店では1人分用（100g）の耐熱容器を使用しています。

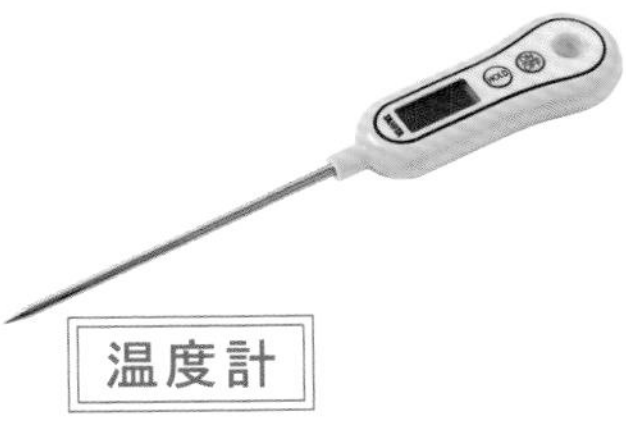

温度計

ミリオネアショートブレッドや、ステムジンジャーなど、温度管理をする際に必要となります。

角型

18cmの角型は、ラミントン、ミリオネアショートブレッド、フラップジャックなどに使用しています。

スコーンの抜型

スコーンにはステンレス製の5.5cmの丸型を使用しています。

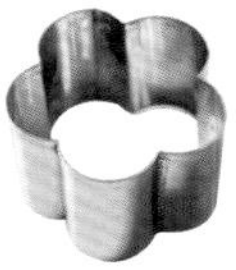

ショートブレッドの抜型

Cha Tea紅茶専門店では、ショートブレッドに6.5cmの梅の抜型を使用しています。

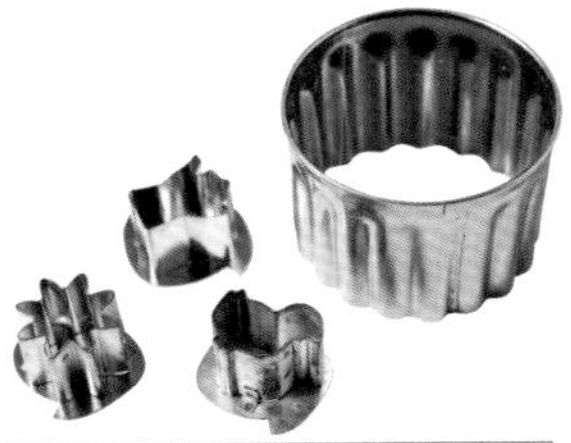

ジャムサンドの抜型

ジャムサンドでは、5cm菊型の抜型と、約2cmの抜型の両方を使用しています。

サンドウィッチティン

イギリスではヴィクトリアサンドウィッチケーキを作る時には、この専用の型を使います。Cha Tea紅茶専門店でも、18cmのサンドウィッチティンを使用しています。日本では手に入りにくいので、その際には同じサイズの丸型を使ってください。

ケーキ丸型、パウンド型

多くのホールケーキには、18cm丸型を使用しています。17cmパウンド型は、ティーブレッドなどで使用しています。いずれも、フッ素加工やシリコン加工のものがおすすめです。

おわりに

2012年の年末、この本のプロデュース、編集を引き受けてくださった英国研究家の小関由美先生と初めてお会いしました。英国旅行記、英国菓子のレシピ本、アンティークについて……。小関先生の本は紅茶教室の本棚にズラリと並んでいました。「まさか著者に会えるなんて！」と、スタッフの中には感激で涙ぐむ子も。

2014年に小関先生が出された『英国 ティーハウスとアンティークのある暮らし』（朝日新聞出版）の中に「日本で出会える英国」として紅茶教室の取材をしていただいた際、「こんな合理的な紅茶教室は見たことがないです、ビックリしました」と、いっていただきました。自らも紅茶教室に通われた経験があるという小関先生。「これまでの紅茶教室はサロンマダムが主役で、マダムに憧れる主婦層の生徒さんが集まっているという印象があったけれど、Cha Teaさんは主宰の立川先生だけでなく、スタッフの方がそれぞれ活躍していて、そこがいい。自宅サロンなのに男性の生徒さんがいらしている点も珍しい」とお褒めいただき、いつかCha Teaのことを書籍にしたいとも書いてくださいました。

それから8年、「そろそろ本の話を具体化したいのですが」といっていただいた時には、覚えていただけていたことに感激するとともに、どのような内容になるのか、ワクワクしました。Cha Teaの個性を理解してくださり、客観的な視点で構成を考えてくださった小関由美先生は、最高の編集者でした。

そして誠文堂新光社の編集者黒田麻紀さんのきめ細かく、常に冷静かつ合理的な采配は、終わらないと思えたスケジュールに常に希望の光を与えてくれました。カメラマンの岡本譲治さんの、的確かつ臨機応変な撮影技術。テーブルコーディネート、フラワーアレンジを担当してくださったDesign Team Liviuの葛西知子さん、石畑真有美さんの際立つセンス。皆々様のご協力で、気づいたら「形」になっていたというのが正直な気持ちです。

最後に、教室を続けられるのも、紅茶へのあくなき探求心を持ち、通ってくださる生徒さんあってこそ。この喜びは、スタッフとともにレッスンという形で還元していきたいと思います。

Cha Tea紅茶教室　立川 碧

2023年夏

代表
立川 碧

友人に誘われ、東京、神奈川の紅茶教室で紅茶を学ぶ。自らが紅茶の勉強を継続するための手段として、Cha Tea紅茶教室を開校。看護師から紅茶教室運営者へ転職。紅茶、陶磁器をめぐる旅がライフワーク。

講師&ベイカー　有田りつえ

2005年12月Cha Teaに入校。卒業後2007年5月より自宅教室を開校。4年半活動の後、専属スタッフへ。紅茶を通して英国菓子に興味を持ち、現在店舗で提供している英国菓子の製造を担当。

講師&ベイカー　野崎みえこ

2007年4月卒業生が主宰する自由が丘の紅茶教室に入校。夏、Cha Teaに進学。自宅教室と併用しながら、アシスタントとして経験を積み、講師に昇格。2021年よりスコーンのベーキングを担当。

教室のサロンにて。右から、鈴木たまえ、金田よしこ、有田りつえ、橋本えりこ、野崎みえこ、夏目あい。

講師　鈴木たまえ

2002年6月入校。専業主婦から紅茶教室講師に。自宅インテリアを整えるのが趣味で、インテリア雑誌にも取材されるほど。夫婦共にガーデニングをライフワークとし、夫婦で茶園研修も経験。

講師　金田よしこ

様々なスクールでの経験を積み、2003年2月Cha Teaに入校。「中国茶」を扱う貿易会社勤務経験により中国茶にも造詣が深い。会社員から紅茶講師に転職。紅茶に関する読書量が自慢。

アシスタント&ベイカー　橋本えりこ

2005年3月、カフェ開業を夢見てCha Teaに入校。卒業後、派遣調理師の仕事と併行しアシスタント経験を積む。2021年、店舗で提供するスコーンのベーキングリーダーに抜擢。日々スコーンと向き合う。

アシスタント　夏目あい

2005年3月Cha Teaに入校。ティールーム、紅茶専門店、紅茶輸入貿易会社での勤務経験あり。卒業後、会社員と併行してアシスタントとして経験を積む。販売経験を活かし、店舗の売り場に貢献。

参考文献

『茶の世界史　緑茶の文化と紅茶の社会』角山栄（中央公論新社）
『一杯の紅茶の世界史』磯淵猛（文藝春秋）
『紅茶入門改訂版（食品知識ミニブックスシリーズ）』稲田信一（日本食糧新聞社）
『紅茶 味わいの「こつ」：理解が深まるQ&A89』川﨑武志　中野地清香　水野学（柴田書店）
『食卓のアンティークシルバー　Old Table Silver』大原千晴（文化出版局）
『図説　英国紅茶の歴史』Cha Tea紅茶教室（河出書房新社）
『図説　紅茶～世界のティータイム』Cha Tea紅茶教室（河出書房新社）
Cha Tea 紅茶教室ベーシッククラステキスト

Cha Tea 紅茶教室・年表

2002年	3月19日 東京都墨田区押上で紅茶レッスンを開催。茶園の子どもたちへの支援を主とする「ESAアジア教育支援の会（特定非営利活動法人）」の活動に参加
	12月 千葉県浦安市のレンタルスペースへ移転
2003年	5月 東京都墨田区横川にマンションを借り移転
	9月 紅茶の個人輸入を開始、ネットショップで販売展開
2004年	4月 教室開校希望者の指導にあたる「プロフェッショナルクラス」をスタート
	5月 東京都墨田区本所吾妻橋に移転。移転後「マスタークラス」スタート。前払いのチケット制を導入
2005年	1月 銀座三越で「銀座でオンナを磨く1週間」でセミナー担当（～2012年）、 スタッフ2名がレッスンを担当し始める
	11月 東京都中央区日本橋に移転。夜・土日のレッスンが充実
2008年	12月『紅茶のすべてがわかる事典』（ナツメ社）監修
2009年	9月 東京都荒川区日暮里に土地購入、英国住宅専門の設計会社「コッツワールド」に自宅兼サロンの設計を依頼
2010年	9月 東京都荒川区日暮里に移転、スタッフ7名で運営
2012年	1月 近隣のマンションを賃貸、「コッツワールド」にリフォームを依頼し第2サロン「英国の部屋」をオープン（～2016年11月まで）
	5月『図説　英国ティーカップの歴史～紅茶でよみとくイギリス史』（河出書房新社）を出版
2014年	5月『図説　英国紅茶の歴史』（河出書房新社）出版
2015年	5月 早稲田大学オープンカレッジにて講義を受け持つ。 『図説　ヴィクトリア朝の暮らし～ビートン夫人に学ぶ英国流ライフスタイル』（河出書房新社）出版
	シングルオリジンティーフェスティバル（現ジャパンティーフェスティバル）に参加
2016年	5月『英国のテーブルウェア：アンティーク&ヴィンテージ』（河出書房新社）出版
2017年	3月『図説　紅茶～世界のティータイム』（河出書房新社）出版
	7月 栃木県奥日光「旧英国大使館別荘」オープン、ディスプレイ、展示の監修に関わる
2018年	2月 建築士の山田佳世子さんとの共著『図説 英国の住宅』（河出書房新社）出版
2019年	7月『図説 ヨーロッパ宮廷を彩った陶磁器：プリンセスたちのアフタヌーンティー』（河出書房新社）出版
	11月 神戸ファッション美術館「アフタヌーンティーのよそほひ」に展示協力（2020年1月まで）
	12月 共著『ヴィクトリア朝が教えてくれる英国の魅力（読んで旅する地球の歩き方）』（ダイヤモンド社）出版
2020年	4月・5月 コロナにより休校、ネットショップリニューアル
	6月 教室近くに土地購入、「コッツワールド」に店舗設計依頼
	10月『図説　英国美しい陶磁器の世界』（河出書房新社）出版
2021年	4月 紅茶・英国菓子専門店「Cha Tea」がオープン
	10月 卒業生坂井みさきさんとの共著『お家で楽しむアフタヌーンティー』（河出書房新社）出版
2022年	1月 日本橋三越本店「英国展」初出店（以後、伊勢丹新宿「英国展」にも出店）
	12月『名画のティータイム～拡大で見る60の紅茶文化事典』（創元社）出版
2023年	1月 銀座三越「スコーンパーティー」出店
	5月『図説　英国クイーンとプリンセス』（河出書房新社）出版
	21年間の活動で基礎クラス卒業生2500名、教室主宰のレッスンへの参加者のべ3万1500名に

STAFF　カバー・本文デザイン　小野口広子（ベランダ）　勝山友紀子
撮影　岡本譲治
スタイリング　葛西知子（Design Team liviu）
フラワーデザイン　石畑真有美（Design Team liviu）
編集協力　小関由美　大野由理

学《まな》ぶ楽《たの》しみ、本格紅茶《ほんかくこうちゃ》と英国菓子《えいこくかし》レシピ
Cha《チャ》 Tea《ティー》 紅《こう》茶《ちゃ》教《きょう》室《しつ》の26レッスン

2023年10月22日　発　行　　NDC596

著　　者　Cha《チャ》 Tea《ティー》 紅茶教室《こうちゃきょうしつ》
発 行 者　小川雄一
発 行 所　株式会社 誠文堂新光社
〒113-0033 東京都文京区本郷3-3-11
電話 03-5800-5780
https://www.seibundo-shinkosha.net/
印刷・製本　図書印刷 株式会社

ISBN978-4-416-62315-2